동아시아한국학 번역총서 4

제물포해전과 《바략》

V. I. 카타예프 저
신세라 · 정재호 역
인하대학교 한국학연구소 기획

이 저서는 2007년도 정부(교육과학기술부)
의 재원으로 한국연구재단의 지원을 받아 수행된 연구임(NRF-2007-361-AM0013).

4 동아시아
한국학
번역총서

제물포해전과 《바략》

V. I. 카타예프 저
신세라·정재호 역
인하대학교 한국학연구소 기획

Sea battle at Chemulpo and «Varyag»

글로벌콘텐츠

　인하대학교 한국학연구소는 2007년부터 '동아시아 상생과 소통의 한국학'을 의제로 삼아 인문한국(HK) 사업을 수행하고 있다. 상생과 소통을 꾀하는 동아시아 한국학이란, 우선 동아시아 각 지역과 국가의 연구자들이 자국의 고유한 환경 속에서 축적해 온 '한국학(들)'을 각기 독자적인 한국학으로 재인식하게 하고, 다음으로 그렇게 재인식된 복수의 한국학(들)이 서로 생산적으로 소통할 수 있는 방법을 구성해내는 한국학이다. 우리는 바로 이를 '동아시아한국학'이라는 고유명사로 명명하고 있다. 따라서 동아시아한국학은 하나의 중심으로 수렴된 한국학을 지양하고, 상이한 시선들이 교직해 화성(和聲)을 창출하는 복수의 한국학을 지향한다.

　이런 목표의식 하에 한국학연구소는 한국학이 지닌 서구주의와 민족주의적 편향성을 극복하기 위한 방법으로 근대전환기 각국에서 이뤄진 한국학(들)의 계보학적 재구성을 시도하고 있다. 주지하듯이 한국에서 자국학으로 발전해온 한국학은 물론이고, 구미에서 지역학으로 구조화된 한국학, 중국·러시아 등지에서 민족학의 일환으로 형성된 조선학과 고려학, 일본에서 동양학의 하위 범주로 형성된 한국학 등 이미 한국학은 단성적(單聲的)인 방식이 아니라 다성적(多聲的)인 방식으로 존재하고 있다. 우리는 그 계보를 탐색하고 이들을 서로 교통시키고자 한다. 다시 말해 본 연구소는 동아시아적 사유와 담론의 허브로서 동아시아한국학의 방법론을 정립하기 위해 학문적 모색을 거듭하고 있다.

더욱이 다시금 동아시아 각국의 특수한 사정들을 헤아리면서도 국경을 넘어서는 보편적 가치를 모색할 필요성이 절실해지는 이즈음, 상생과 소통을 위한 사유와 그 실천의 모색에 있어 그간의 학문적 성과를 가름하고 공유하는 것은 여러 모로 의미가 있으리라 여겨진다. 이에 우리는 복수의 한국학에 대한 계보학적 탐색, 상생과 소통을 위한 동아시아한국학의 방법론 정립, 연구 성과의 대중적 공유라는 세 가지 지향점을 중심으로 지속적으로 축적되고 있는 연구 성과를 세 방향으로 갈무리하고자 한다.

본 연구소에서는 상생과 소통을 위한 동아시아한국학 연구에 있어 연구자들에게 자료와 토대를 정리해 연구의 기초를 제공하고, 또한 현재 동아시아한국학 연구의 범위와 향방을 보여줄 뿐만 아니라 그 연구 성과들을 시민들과 공유하는 것까지 고려하는 방향으로 총서를 발행하고 있다. 모쪼록 이 총서가 동아시아에서 갈등의 피로를 해소하고 새로운 상생의 방법을 모색하는 데 일조할 수 있기를 기대한다.

인하대학교 한국학연구소

    러시아 순양함의 이름인 '바랴'이라는 말이 한국 또는 인천지역사회에서 주목하게 된 두 가지 계기가 있다.

    하나는 2004년 2월 11일 인천항 연안부두 친수공간에서 거행된 러시아 측의 추모비 제막식이었다. 추모비에는 "순양함 '바랴크'호와 포함 '코레에츠' 러시아 선원들의 희생 100주년을 기념하며 감사드리는 러시아 국민들로부터"라는 글이 한국어, 영어, 러시아어 등 3개 국어로 새겨졌다. 1904년 2월 8일 러일전쟁의 제물포해전에서 사망한 러시아 장병을 추모하는 내용이다. 일본은 14척의 대함대를 동원하여 러시아 순양함《바랴》와 포함《카레예츠》를 공격했다. 선전포고도 없이 공격한 일본의 비열함에 견주어, 전력의 열세에도 불구하고 황인종에게 굴하지 않고 용감하게 맞서 싸우고 장엄하게 자폭한 러시아 군인들의 행위는 '숭고한 패배'로 추앙되었다. 사실상 '패잔병들'이 '제물포의 영웅들'로 신화화되면서 자폭한 순양함《바랴》은 러시아 애국주의의 상징이 되었다. 러시아에서 100년이 넘도록《바랴》의 영화, 노래, 다큐멘터리 등이 제작되고 교과서에도 실린 기억의 방식은 러일전쟁 100주년을 맞아 전쟁터였던 인천해역 바로 그 자리에서 추모비로 재현되었다.《바랴》이 무엇을 상징하는지 알려지게 되었다.

    다른 하나는 러시아 애국심의 상징인《바랴》에 걸려 있던 선수기(船首旗)가 인천광역시립박물관에 소장되어 있다는 사실이 러시아 측에 알려져 본국으로 귀환하게 된 일이다. 러시아의 끈질긴 요구로 2009년 여름, 임시로 러시아 순회전시를 허용했지만 러시아 애국심의 상징인《바랴》깃발의 귀환을 요구하는 러시아 사람들의 열망은 더욱 고조되었다. 결국 우호친선을 명분으로 2010년 11월 인천시장이 메드베데프 러시아 대통령에게 2년간 임대해준 이후 이제는 2년을 넘겨 임대기간을 계속 연장하고 있는 실정이다.《바랴》깃발의 귀환에 대한 러시아의 대대적인 환영행사는《바랴》의 상징성을 한국 및 인천지역사회에 알리는 또 하나의 계기가 되었다.

거슬러 올라가 보면 일본은 러일전쟁에서 승리한 후 매년 승전을 기념하는 행사를 열었다. 인천 일본인회는 1년 뒤인 1905년 2월 9일을 '인천의 날'로 제정하고 이후 매년 신전에 제사지내고 러일전쟁의 승리를 재현하는 축제를 벌였다. 《바략》을 인양하여 일본해군의 연습함으로 삼아 승리의 자부심도 만끽했다. 제물포해전의 승리에 공헌한 일본 해군의 《치오다(千代田)》가 1930년 폐함되자 그 돛대를 인천 서공원(현재의 자유공원) 정상에 세워 기념하고, 러시아 함선에서 획득한 깃발들도 전시하여 일본의 승리를 열렬히 자축하고 되새겼다. 이렇게 《바략》과 그 깃발은 일본의 입장에서도 승리감을 고취하는 의미를 지니기도 했다.

19세기 수도 서울의 관문에 있던 인천해역에서는 많은 전쟁이 일어났다. 프랑스와 미국 함대의 침공, 일본 함대의 침공과 강화도조약의 체결, 전통적인 동아시아 화이체제의 붕괴를 가져온 청일전쟁, 그리고 식민지 쟁탈을 목적으로 한 제국주의 전쟁으로서 러일전쟁 등이 모두 인천해역에서 일어나고 시작되었다. 인천해역에서 일어난 전쟁은 지역주민의 큰 희생을 가져왔고 세계사적 판도의 변화도 초래하였다. 러일전쟁은 1904년 2월 9일 일본 함대가 뤼순항의 러시아 함대를 공격하면서 개전한 것으로 알려져 있지만 사실은 2월 8일 제물포해전이 먼저 일어났다. 통신선이 차단된 상황에서 제물포해전의 소식이 전세계에 알려진 것은 뤼순해전 이후의 일이었다.

러일전쟁의 결과 힘의 균형이 무너지면서 한국은 일본의 보호국이 되었다가 결국 병합되고 말았다. 한국의 식민지 경험은 러일전쟁의 아픔을 망각하는 작용을 했다. 한국의 운명을 가른 러일전쟁에 대한 한국인의 관심은 아주 저조하다. 제국주의 전쟁인 러일전쟁의 서막이 인천해역에서 열렸지만 두 전쟁 당사국의 승패의 엇갈림만 남을 뿐 한국 또는 인천주민의 주체적 기억은 존재하지 않는다. 러일전쟁을 보도하기 위해 인천과 서울에 파견된 기자들은 러시아의 제국주의적 책동을 묵인하고, 일본의 서구적 근대화의 성공을 칭찬하기에 바빴다. 한국의 운명과 미래에 대한 관심은 거의 없었다. 러일전쟁은 제국주의 전쟁이며 러시아와 일본은 만주와 한반도의 주도권을 잡으려 전쟁까지 일으켰다. 이 전쟁으로 말미암아 한국은 자주독립의 길을 찾을 수 없었고, 중립화의 틈새도 확보할 수 없었다. 러일전쟁은 기념해야 할 것이 아니라 기억해야 할 한국의 비극이다. 일제의 인천의 날 축제나 러시아의 추모비에서 한국과 한국민에 대한 배려는 찾을 수 없다.

러일전쟁 100주년을 맞아 러일 양국에서는 각종 기념행사를 열었다. 그 가운데 주목되는 것은 2005년 러일전쟁의 승패를 가른 쓰시마해전 100주년을 맞아 쓰시마에서 러일 양국이 합동위령제를 연 일이다. 이듬해 양국은 쓰시마해전의 현장이 내려다보이고 수많은 러시아 병사들이 목숨을 구하고자 기어올랐던 쓰시마 북쪽 해안 언덕 위에, '평화와 우호의 비'를 세웠다. 비의 동판에 새긴 그림은 승리한 일본의 도고 헤이하치로 제독이 부상당한 로제스트벤스키 러시아 제독을 병실로 찾아가 위문하는 장면이다. 일본의 인도주의적 처사를 드러내는 의미를 지닌 것처럼 보이지만, 그래서 과거의 아픔을 치유하면서 평화적 관계를 형성하기 위한 발걸음을 옮기는 것처럼 보이지만, 러일전쟁과도 유관한 북방 4개 섬을 둘러싼 러일 간의 영토분쟁은 여전히 동아시아의 평화를 위협하고 있다.

이 책은 러시아 측에 러일전쟁의 상징, 제물포해전의 상징을 의미하는 순양함 《바략》의 탄생에서 사망에 이르는 생애 전체를 다룬, 러시아 군함 역사가 카타예프의 책을 번역한 것이다. 원래의 제목은 『러시아 함대의 전설 순양함 《바략》』이지만 저자의 양해를 구해 『제물포해전과 《바략》』으로 정했다. 러일전쟁의 상징으로서의 《바략》이 아니라 제물포해전에서의 역할을 중심으로 《바략》을 이해하고자 하기 때문이다. 패전한 러시아에 대한 연민이 아니라 러일전쟁의 전장이면서 희생의 대상이었던 한국과 인천의 주민을 위해 제물포해전의 전모를 알고 싶다. 《바략》에 대한 러시아의 지나친 애국주의적 태도를 우려하면서 제물포해전의 이해를 위해 《바략》을 소개하고자 한다. 또한 식민지 시기 내내 러일전쟁에서 승리한 일본인의 오만함이 가득했던 인천 일본인사회의 내면을 이해하기 위해서도 러일전쟁의 제물포해전을 정확하게 이해할 필요가 있다. 이 책은 《바략》의 애국주의적 상징성을 무시한 것은 아니지만 그것을 조장하지 않고 《바략》의 생애를 과학기술적인 측면에서 많이 다루고 있다. 또한 많은 사진자료를 첨부하여 객관적 이해를 높인 것은 이 책의 큰 장점이다.

이 책은 인하대학교 한국학연구소 인문한국(HK)사업단의 해외연구원으로 활동한 러시아과학아카데미 동방학연구소의 신세라(박사과정 수료)에게 번역을 의뢰하여 출판하게 되었다. 바쁜 유학생활 중에 시간과 정성을 할애한 번역자의 노고에 감사한다. 특히 저자와 직접 접촉하면서 번역상의 여러 문제를 협의하고 사진자료 등의 원본을 받아 게재할 수 있어서 다행스럽게 생각한다. 도판이 많은 편집의 고통을 감내하고 아름다운 책으로 만들어준 글로벌콘텐츠 편집진에도 감사드린다.

2013년 4월 30일

인하대학교 한국학연구소

소장 이 영 호

제물포해전과《바랴그》

I. 러일전쟁의 서막-제물포해전

러일전쟁의 배경

19세기 후반부터 20세기 초, 동아시아에 영향력을 확대하기 위한 서구 열강들 간의 각축과 일본의 대륙팽창정책으로 극동 정세는 급변하고 있었다. 메이지유신 이후 일본은 한반도를 넘어 만주를 점령할 계획을 세웠고, 영국·프랑스 등의 간섭으로 흑해와 발트해로의 진출이 어려워진 러시아는 1860년 베이징조약으로 연해주를 확보하면서 극동지역으로 눈을 돌렸다. 한편, 청일전쟁(1894~1895년)에서 패하면서 종이호랑이로 전락한 중국(당시 청나라)은 수천 년 동안 유지해 오던 주변국에 대한 영향력을 급격히 상실하였다. 이후 중국과 그 주변국에 대한 제국주의 국가들의 분할경쟁은 더욱 가열되었다. 이러한 상황에서 러시아가 주도한 삼국간섭(1895년)으로 인해 일본이 전쟁으로 획득한 랴오둥 반도(요동반도)를 반환해야하는 사건이 발생하면서 극동에서의 러시아와 일본 간의 대립이 본격화되었고, 대립의 중심에는 만주와 한반도 문제가 있었다.

메이지유신 이래 대륙진출을 계획하던 일본에게 있어서 만주와 한반도는 점령해야 할 대상이었다. 한때 일본은 러시아의 만주 경영을 인정하는 대신 조선에서의 일본의 지배권을 확보해야 한다는 '만한교환론(滿韓交換論)'을 제안한 적도 있었지만, 조선에 대한 점령 야욕을 포기한 적은 없었다. 그러나 19세기 후반에 일본은 군사력에서 러시아에 비해 열세였기 때문에 군사력을 강화시키고 한반도에서의 정치적·경제적 영향력을 확장하는 동안, 타국과의 협력을 통해 러시아에 대항했다. 마침 영국과 미국은 동아시아에서 러시아의 남진과 부동항 확보계획을 저지하고자 하였고, 러시아와 이해관계가 충돌했던 일본을 이용해서 러시아를 견제하였다. 일본은 영국과 미국의 재정적 후원 아래 군사력을 강화하였고, 1903년에는 10년 전 보다 군사력이 2.5배 증강되어 러시아와의 전쟁을 본격적으로 추진하였다.

일본이 끊임없이 한반도를 점령하려 했던 것과는 달리, 조선에 대한 러시아의 정책은 극동을 둘러싼 제국주의 국가들 간의 이해관계, 러시아 지도부 내의 의견차, 조선의 상황 등에 따라 여러 차례 변하였다. 극동에서의 영향력을 확대하고 동북아 연안에 부동항을 확보하는 데 주력했던 러시아는 1896년 러청밀약에 의해 북만주를 통과하는 동청철도(東淸鐵道) 부설권을 획득하며 만주에서의 영향력을 확대하였을 뿐아니라, 1896년 아관파천으로 조선에 친러정권이 수립되자 한반도에서의 입지도 강화해갔다. 러시아는 조선에 군사고문과 재정고문을 파견하고 한러은행을 설립하는 등 조선에서의 영향력을 확대해 갔다.

1898년 러시아는 랴오둥 반도의 여순·대련항을 조차하는 데 성공하며 오랜 숙원사업인 부동항을 확보하였다. 그러자 러시아는 만주 경영에 주력하고 일본과의 대립을 피하기 위해 조선퇴거정책을 선택했다. 러시아는 한반도에 대한 정치적 개입을 자제하고 조선(1897년 10월부터 '대한제국')에서 일본과의 공존체제를 구축하는 대신, 만주에서 러시아의 영향력을 견고히 하는 데 일본이 방해가 되지 않기를 바랐다. 그 결과 1898년 4월, 러시아와 일본 양국이 조선의 내정에 간섭하지 않으며 만주에서의 러시아의 우월권을 인정하는 대신 한반도 내에서 일본의 경제권을 인정한다는 내용의 니시-로젠 협정을 체결하였다. 이후 러시아는 조선에서 자국의 군사교관들과 재정고문을 철수하였고 한러은행도 폐쇄하였다. 독립협회를 중심으로 한 조선인들의 이권침탈 반대운동도 러시아 군사교관들과 재정고문 철수에 영향을 미쳤다.

러시아가 1898년에 조선퇴거정책을 선택했으나, 러시아에게 있어 조선은 안전하게 만주를 점령하기 위해 필요한 일본과의 완충지대였으며, 블라디보스톡과 여순을 잇는 전략적 요충지로서 여전히 중요한 의미가 있었다. 블라디보스톡에서 여순까지는 한반도를 우회해 약 1,770km를 가야 하는데, 구축함이나 수뢰정은 중간에 연료보급을 받지 않고서는 도달하기 힘들었다. 한반도 남단은 블라디보스톡과 여순의 중간에 위치해 있었기 때문에, 러시아는 이곳에 석탄고를 설치할 만한 부동항을 확보하고자 하였다. 그 외에도 러시아는 한반도 남단에 부동항을 확보함으로써, 당시 니시-로젠 협정을 이용해 조선에 경제적 침투를 강화하고 영국·미국으로부터 지지를 받으며 세력을 확장하고 있던 일본을 저지하고자 하였다. 이러한 이유로 러시아는 절영도(영도)·거제도·마산포 등에서 조차를 시도했다.

1900년에 중국에서 의화단 운동이 일어나자 러시아는 동청철도 방어를 구실로 군사를 파병해 만주를 점령하였다. 그러자 일본과 영국은 1902년 영일동맹을 체결하여 만주에서 러시아군이 철병하도록 압박했다. 국제 정세가 점점 러시아에게 불리하게 전개되자, 그간 러시아 내에서 군사적 대립을 피하고 평화적·경제적 방법으로 동북아 점령을 주장하던 온건파의 영향력이 감소되었고, 베조브라조프로 대표되는 강경파가 니콜라이 2세의 지지를 얻으며 득세하였다. 강경파는 온건파가 1898년 여순 조차 이후에 일본과의 우호유지를 위해 조선퇴거정책을 선택하고 양보한 것이 오히려 일본의 군사력과 극동에서의 영향력을 확장시켰다고 비난하였다. 그들은 만주에 군사력을 강화하고 압록강-두만강 유역에 군사적 방어벽을 구축하여 한반도 북부 지역에서 우위를 확보해야만 만주와 연해주의 안전을 보장할 수 있다고 주장하였다. 1903년 5월 러시아 각료회의에서 강경파의 노선이 공식적으로 채택되었다. 강경파는 러시아가 이미 1896년에 확보해 두었던 압록강 및 두만강 연안의 삼림 채벌권을 정치적·군사적으로 적극 활용하였다. 만주와 한반도 북부에 대한 러시아의 강경한 노선은 용암포 사건을 초래했으며, 이것은 조선 정부와 서구 열강들의 반발을 불러일으켰다. 이 사건으로 일본에서는 주전파들의 입장이 강화되어 만주와 조선에서 러시아의 세력 확장을 저지하기 위해 전쟁을 개시해야 한다는 주장이 힘을 얻었다. 한반도와 만주를 둘러싼 러일 간의 대립이 더욱 고조되었고 양국 간의 협상이 실패하자, 1904년 2월 9일, 일본이 제물포와 여순의 러시아 함대를 차례로 기습 공격함으로써 러일전쟁이 발발하게 되었다.

제물포해전과 러일전쟁

순양함《바략》은 러일 간의 대립이 고조되던 시기인 1904년 1월 12일(러시아력 1903년 12월 30일)에 제물포에 정박 중이던 2급 순양함《보야린》의 교대함으로 제물포에 입항하였다. 이후 포함《카레예츠》가 여순에서 제물포로 와서《바략》과 합류하였다.

당시 제물포 정박지에는《바략》과《카레예츠》의 러시아 군함들 외에도 일본·영국·미국·프랑스·이탈리아 등 각국 군함들이 정박해 있었다.

　전쟁 준비를 마친 일본은 1904년 1월 중순부터 조선 주재 러시아 공사관과 제물포항의 러시아 군함들이 여순항에 있는 러시아 함대에 연락하는 것을 차단하기 위해 조선 전신국의 전보를 강제로 억류하였고 전신선을 끊어버렸다. 2월 초부터는 일반인으로 가장한 일본군들이 제물포 정박지 근처 해안가에서 전쟁에 필요한 물품을 옮기며 바쁘게 움직였다. 이 모든 것이 전쟁이 임박했다는 징후였으나, 조선 주재 러시아 공사와 러시아 군함의 함장·장교들은 전신선이 끊겨서 여순으로 전보를 보낼 수도 없는 상황이었다. 결국 1904년 2월 8일(러시아력 1월 26일) 포함《카레예츠》가 러시아 공사의 서신을 가지고 여순을 향해 출항하였다. 그러나 제물포 정박지 출구 근처에서 진치고 있던 일본 함대의 공격으로 정박지로 되돌아와야 했다. 일본 함대는《카레예츠》를 향해 어뢰 3발을 발사하며《카레예츠》가 여순으로 떠나는 것을 저지하였다. 이때 이미 일본 함대는 다음 날인 2월 9일에 시작될 러일전쟁을 염두해 두고 여순에 주둔하던 러시아 함대와 조선 주재 러시아 공사관과의 연락을 차단하기 위해서《카레예츠》가 제물포항을 떠나지 못하도록 막은 것이었다. 그러나 이러한 사실을 몰랐던 루드네프 대령은(《바략》의 함장) 당시 제물포 정박지의 최연장자인 루이스 베일리 함장(영국 순양함《탈보트》의 함장)을 통해 일본 함대의《카레예츠》공격에 항의하는데 그쳤다. 일본은《카레예츠》의 공격으로부터 방어하기 위한 것이었다고 변명하였고, 결국 이 사건은 오해에서 비롯된 것으로 일단락되었다. 그러나 그날 밤 일본 육군 선발대가 제물포항에 대거 상륙하였고, 이들은 전쟁이 시작되면 바로 서울을 점령하고 한반도 북부를 거쳐 만주로 진격할 준비를 모두 마쳤다.

　2월 9일(러시아력 1월 27일) 오전, 우리우 제독은 제물포항의 외국 군함들에게 러시아 군함과 교전이 있을 테니 정오까지 정박지를 떠나달라는 서한을 발송하였다. 비슷한 시각, 일본은 조선 주재 러시아 공사관에 정오까지 러시아 군함들을 제물포 정박지에서 떠나게 하라고 통보하였다.《바략》과《카레예츠》가 정박지를 벗어나는 순간 일본 함대의 공격을 받을 것이 뻔하였지만, 그렇다고 정박지에 남아있을 수도 없었다.《바략》과《카레예츠》가 정박지를 떠나지 않는다면 오후 4시부터 일본 연합 함대가 정박지에 남아있는 러시아 군함을 공격할 것이라고 밝혔기 때문이다. 어떤 선택을 하든지 전쟁의 발발은 기정사실화 되었고, 결국 러시아 군함들의 총책임자인 루드네프 대령은 출항을 결정하였다. 전운이 감도는 인천 앞바다에는 전쟁준비를 마친 14척의 일본 함대가 팔미도 뒤편에서 대기하고 있었으며, 루드네프 대령은 비장한 각오로《바략》과《카레예츠》의 승조원들에게 일본 함대의 공격을 정면으로 돌파하여 여순까지 진격하라는 명령을 내렸다.

오전 11시 20분,《바략》과《카레예츠》가 출항하였다. 압도적으로 전력이 불리한 상황임에도 불구하고 죽음을 각오하고 출전하는 러시아 승조원들을 향한 외국 함대 승조원들의 응원의 함성이 제물포 정박지에 울려 퍼졌다. 응원의 함성도 잠시, 정박지를 벗어난 직후《바략》과《카레예츠》는 일본 함대의 대대적인 공격에 직면했다. 일본 함대는《바략》을 향해 집중적으로 공격했다. 오후 12시 45분, 인천 앞바다에서 포격소리가 멈추었고《바략》과《카레예츠》는 제물포 정박지로 되돌아와야만 했다. 1시간 25분 간의 제물포해전 결과, 일본 함대의 집중 포화를 맞은《바략》은 조종장치가 파괴되었고 전사자들과 부상병들이 속출했으며 이곳저곳에 포탄을 맞아 더 이상 정상적으로 작동할 수 없는 지경에 이르렀다. 전투를 마치고 다시 제물포 정박장에 모습을 드러낸《바략》은 처참한 지경이었다. 포격으로 인해 좌현으로 기울어진《바략》은 불타고 있었고 내부는 점점 물이 차올랐다. 그 상태에서 제물포 정박지로 돌아온 것이 기적이었다. 반면《카레예츠》는 출항할 때의 모습 그대로였다. 일본 함대의 공격이 주로《바략》에 집중되었기 때문이기도 했지만, 간간히 일본 함대로부터 받은 공격도 기적처럼《카레예츠》를 빗나갔다.《카레예츠》가 단 한 발의 포탄도 맞지 않아 피해가 전혀 없었다는 기록이 대부분이지만,《카레예츠》의 함장인 벨랴예프 중령의 보고서에 따르면 함미 부분이 포탄의 파편에 맞아 0.3m 가량의 구멍이 났다고 했다. 어떤 기록이 사실이든 간에《카레예츠》는 거의 아무런 피해도 입지 않았으며,《카레예츠》의 승조원들도 전원 무사했다.

정박지로 돌아온《바략》의 처참한 상황을 목격한 영국·프랑스·이탈리아·미국의 군함들은 보트와 군의관을《바략》으로 보내 부상자들과 남은 승조원들의 구조작업을 도왔다. 처음《바략》이 제물포 정박지로 되돌아온 직후만 해도《바략》의 함장 루드네프 대령은 오후 4시에 일본 함대가 다시 정박지의 러시아 군함들을 공격할 것을 대비하여 전력을 재정비하고자 하였다. 그러나《바략》의 피해 현황을 살펴본 결과 다시 전투에 임하는 것이 불가능하다고 판단한 루드네프 대령은 장교회의를 소집하였다. 회의에서는《바략》을 일본군에게 전리품으로 내주지 않기 위해 자침하기로 결정했다. 먼저 《바략》과 《카레예츠》의 승조원들은 안전하게 다른 외국 군함들로 후송되었다(단, 미국 군함은 《바략》과 《카레예츠》 승조원들의 수용을 거절하였다). 루드네프와 갑판장, 격실 담당자들은 장교회의 결정에 따라 《바략》의 급수용판을 열어 수장시켰다. 《카레예츠》의 함장 벨랴예프 중령과 장교들도 회의를 열어 《카레예츠》의 자폭을 결정하고 실행에 옮겼다. 기선 《숭가리》는 중국동부철도기선회사 주재원의 동의를 얻은 후에 보일러를 파괴하여 폭파시켰다.

그러나 루드네프 대령을 비롯한 러시아 장교들의 예상과는 달리 일본 해군은 제물포해전 다음 날인 1904년 2월 10일에 바로 《바략》의 인양작업에 착수하였다. 일본은 《바략》에 일본 국기를 꽂고, 다음 해 말인 1905년 11월 1일까지 《바략》에 대한 조사·인양 및 간단한 수리작업을 마쳤다. 1905년 11월 2일, 《바략》은 인천항을 떠나 사세보로 출발하였다. 이때 《바략》에는 일본 해군 깃발이 게양되었다. 이후 《바략》은 《소이야》로 개칭되었고 요코수카에서 대대적인 수리작업을 마친 후 일본 함대로 활동했다. 러일전쟁 중이었음에도 불구하고 일본이 《바략》의 인양작업에 집착했던 것은 서양 국가와의 최초의 전투에서 승리했다는 상징성 때문일 것이다. 일본은 승리를 기념하고 선전하기 위해 악착같이 《바략》을 전리품으로 만들었다.

제물포해전에서의 승리로 서해 제해권을 장악한 일본 함대는 같은 날인 2월 9일 밤에 여순에 주둔 중이던 러시아 함대를 공격하였다. 일본의 방해로 제물포의 러시아 함대와의 연락이 끊겼던 여순의 러시아 함대는 일본의 공격에 속수무책으로 당하였다. 이렇듯 1904년 2월 9일 제물포와 여순에서 시작된 러일전쟁은 약 1년 7개월간 조선 북부 지역·만주·대한해협·동해 등에서 계속되었다. 1905년 9월 5일 포츠머스 조약 체결로 러일전쟁은 종식되었고, 일본은 러시아로부터 한반도에 대한 우월권을 승인받았다. 이 조약이 체결되기 전인 1905년 7월에 일본은 미국과 카스라-테프트 밀약을 체결하여 미국으로부터 한반도에 대한 보호권을 인정받았으며, 1905년 8월에는 2차 영일동맹을 체결하면서 영국으로부터 한반도에 대한 일본의 전권을 인정받았다. 이렇듯 미·영·러로부터 한반도에 대한 보호권을 인정받은 일본은 러일전쟁이 끝난 직후인 1905년 11월 17일에 을사늑약을 강제로 체결하여 조선의 외교권을 박탈하고 보호국화 하였으며, 1910년에 결국 조선을 일본의 식민지로 만들었다.

전쟁에서 패한 러시아는 대외적으로 만주와 조선에 대한 영향력을 상실하였고, 대내적으로는 러시아 전역에 혁명운동이 확산되어 제정러시아의 전제주의가 약화되었다. 그러나 제물포해전에 참여했던 《바랴》과 《카레예츠》의 승조원들은 패했음에도 불구하고 러시아의 영웅으로 추앙받았다. 그것은 2척의 러시아 함대가 전쟁준비를 완벽히 마친 14척의 일본 함대를 상대해야 하는 불리한 상황 속에서 죽음을 무릅쓰고 출전한 러시아 해군들의 용맹스러움과, 패배가 확실해지자 《바랴》과 《카레예츠》를 일본 함대에게 전리품으로 넘기지 않으려 수장과 자폭을 결정했던 애국심을 높이 평가했기 때문이다. 이러한 이유로 《바랴》과 《카레예츠》의 승조원들은 조국인 러시아로 돌아오는 길에서부터 영웅으로 추앙받았다. 러시아에 도착한 후에도 《바랴》과 《카레예츠》의 승조원들은 오데사·상트페테르부르크·모스크바 등 주요 도시를 돌며 환영행사에 참석했다.

이들을 영웅시한 것은 러시아인들만이 아니었다. 당시 유럽 국가들에서도 《바랴》과 《카레예츠》의 승조원들을 영웅시하는 기사가 연일 신문 일 면을 장식했다. 특히 당시 제물포항에 정박 중이던 영국·프랑스·이탈리아·미국 군함의 승조원들과 제물포에 머물고 있던 외국인들이 죽음을 각오하고 전투에 임했던 《바랴》과 《카레예츠》 승조원들의 용감함을 증언하였다. 그 덕에 '제물포 영웅들'의 이야기는 유럽 국가들에서 책으로도 발간되었다. 지금까지 러시아인들 사이에서 가장 많이 불리어지는 〈바랴의 노래〉의 가사도 처음에는 오스트리아의 작가인 루돌프 그레인츠가 제물포해전의 소식을 듣고 받은 영감을 시로 적어 독일잡지 『유겐드』에 발표한 것이었다(이후 E. M. 스투젠스카야가 러시아어로 번역하였다). 이것은 '제물포 영웅들'을 '추앙'한 것이 러시아뿐이 아니었음을 증명하는 일례이다.

이렇듯 제물포해전에 대한 러시아와 유럽의 평가가 영웅주의 일색으로 '신화화'된 근본적인 이유는 무엇일까? 러일전쟁이 일어나기 전까지 러시아 함대는 그 명성과 위력이 대단했으며, 이 때문에 러시아 황제의 전폭적인 신뢰를 받고 있었다. 러시아 황실과 귀족들이 해군제독을 거의 독점했던 것도 당시 러시아 내에서 해군의 위상을 알려주는 일례이다. 이렇듯 강력한 러시아 함대가 신생 제국주의 국가인 일본 함대에 패한 것이다. 러일전쟁에서 러시아가 질 것이라고는 누구도 쉽게 예상하지 못했던 충격적인 사건이었다. 자부심 강한 러시아 해군으로서는 인정하기 힘든 치욕적인 패배였다. 이 때문에 러시아 지도부는 패배로 인한 불명예를 보상하고 여론의 질타를 피하기 위해, 불리한 전세였음에도 불구하고 일본에 항복하지 않고 끝까지 싸운 《바랴》과 《카레예츠》 승조원들의 용맹성을 더 부각시킨 것으로 보인다. 특히 제물포해전은 황인종과 백인종 사이에 벌어진 최초의 전투였다. 당시 백인들이 유색인종에게 가졌던 편견과 무시를 고려해 볼 때, 러시아 함대가 일본 함대에게 패한 것은 유럽인들에게도 큰 충격이었다. 게다가 선전포고도 제대로 하지 않고 기습적으로 공격한 일본 함대의 비열함과 대조하여(일본은 전쟁 발발 하루 뒤인 2월 10일에 선전포고를 했다), 《바랴》과 《카레예츠》 승조원들의 용맹성을 더 부각시켰던 것으로 보인다.

제물포해전 직후 일어난 《바랴》과 《카레예츠》 승조원들에 대한 영웅화 작업은 소련 시기에도 계속되었다. 1946년에는 《바랴》의 영웅성을 강조한 영화 〈순양함 바랴〉이 제작되었고, 음반과 다큐멘터리로도 수차례 제작되었다. 《바랴》의 함장이었던 V. F. 루드네프의 고향인 뚤라에서는 그의 동상과 그의 이름을 딴 박물관이 건립되었으며, 모스크바·하바롭스크·블라디보스톡·뚤라·리뻬츠크 등에 '루드네프 거리'가 생겼다. 지금까지도 러시아인들은 《바랴》을 러시아의 군인정신을 상징하는 자랑스러운 역사로 기억하고 있다. 한 세기 넘게 지속되어온 《바랴》과 《카레예츠》 승조원들에 대한 영웅화과정에서 사실과 함께 덧붙여진 과장도 '신화화'되어 현재까지 이어지고 있다.

그렇다면 조선에게 있어서 러일전쟁의 서막인 제물포해전은 어떤 의미일까? 러일전쟁이 끝남과 동시에 조선이 빠른 속도로 일본의 보호국이 되었고, 곧이어 식민지가 되었다는 점에서 제물포해전은 향후 반세기 동안 지속될 조선의 비극적 역사의 시작을 알리는 사건이었다. 1903년 용암포 사건으로 러일 간의 대립이 고조되어 전쟁으로 발전할 조짐이 보이자 1904년 1월 23일에 조선 정부는 중립을 선언하며 독립을 유지하고자 했다. 그러나 일본은 조선의 중립선언을 무시하고 전쟁을 일으켰다. 또한 강압적으로 한일의정서(1904년 2월 23일)를 체결하여 전쟁 중에 조선 정부가 일본이 필요로 하는 편의를 제공하도록 의무화하였고, 일본이 조선에서 전략상 필요한 지점을 마음대로 사용할 수 있도록 만들었다. 러일전쟁 기간 동안 한반도 북부의 평양·정주·원산·길주·압록강 부근과 울릉도·독도에서는 러시아군과 일본군 간의 교전이 벌어져 직접적인 피해를 입었다. 교전지 외에도 러일전쟁 기간 동안 한반도 전역이 일본군의 주둔지로 변하였기 때문에 러일전쟁으로 인한 조선의 인적·물적 피해는 실로 막대한 것이었다.

당시 조선은 분명 독립된 주권국가였지만, 만주와 한반도를 둘러싼 제국주의 국가들 간의 파워게임에 힘없이 희생되었다. 전쟁 당사자인 일본과 러시아는 물론이고, 러일전쟁에 깊숙이 관여되어 있던 영국·미국·프랑스도 전쟁에 휘말리지 않기 위해 중립을 선포했던 조선의 의지를 무시한 채, 철저히 자국의 이익에 따라 움직였다. 전쟁과 전쟁 전후의 과정에서도, 심지어는 러일전쟁에 대한 보도 자료와 기록에서 조차도 조선의 의지와 안위는 배제되었다. 이것은 자국의 이익을 위해서는 약소국의 안위는 상관없으며, 약소국에 대한 침략은 당연한 것이라는 제국주의 국가들의 천박한 국수주의가 밑바탕에 깔려있었기 때문이다.

II. 21세기에 다시 주목받는 러일전쟁과《바략》

21세기 들어 제물포해전과《바략》이 다시 주목을 받게 된 계기는 각국에서 진행된 2004년 러일전쟁 100주년 기념행사 및 학술회의 등을 통해서였다. 그러나 이러한 행사들을 통한 21세기 각국의 러일전쟁에 대한 평가를 살펴보면, 한 세기 전과 크게 달라진 것이 없다는 생각이 든다.

가장 심각한 것은 일본이다. 일본은 러일전쟁 100주년 기념 학술회의·행사 및 보도 자료 등을 통해서 침략의 역사인 러일전쟁을 애국전쟁과 영웅주의로 포장하여 미화시키고 있다. 나아가 러일전쟁에서 유색인종인 일본이 백인종 러시아에 승리한 것이 아시아·중동·아프리카의 독립운동에 커다란 희망이 되었다는 아전인수 격 해석을 쏟아내었다. 그들이 주장하듯 일본의 러일전쟁 승리가 유색인종 국가들의 식민지 탈피와 독립운동의 희망이 되었다면, 러일전쟁의 결과 일본의 보호국으로, 곧이어 식민지로 전락해버린 조선의 경우는 어떻게 설명할 것인가? 또 러일전쟁 승리와 조선의 식민지화를 기반으로 세력을 확장하며 대륙팽창정책을 추진한 일본이 제2차 세계대전 기간 동안 아시아 국가들에서 저지른 수많은 약탈과 살육을 어떻게 설명할 것인가? 러일전쟁이 끝난지 한 세기가 넘은 현재까지도, 일본은 과거 잘못을 인정하는 것이 아니라, 제국주의 침략전쟁이었던 러일전쟁의 추악했던 모습을 삭제하고 전혀 다른 모습으로 미화시키는 데만 초점을 맞추고 있다. 나아가 군사대국주의를 꿈꾸며 평화헌법 9조의 개정과 자위대 합법화를 위해 러일전쟁을 적극 활용하고 있다.

2004~2005년 러시아에서도 러일전쟁 100주년을 기념하였다. 러시아 TV와 언론매체들에서는 러일전쟁에 대한 수많은 프로그램과 기획기사들을 보도하였는데, 그중에서도 러시아인들에게 있어서 군인정신과 애국주의의 상징인《바략》과 제물포해전에 관심이 집중되었다. 러일전쟁 이후부터 현재까지 러시아에서는 러일전쟁에서의 패배보다는 용맹스럽게 싸웠던《바략》과《카레예츠》승조원들에게 더 많은 초점을 맞

추고 있다. 이것은 잊고 싶은 치욕적인 패배에 대한 기억을 지우고, 기억하고 싶은 부분, 즉《바랴》과《카레예츠》수병들의 용맹성을 부각시켜서 스스로 위안을 삼고자 하는 것일지도 모른다. 물론 제2차 세계대전 막바지에 소련이 對일본전에 참전하여 러일전쟁 패배로 일본에게 빼앗겼던 남사할린과 만주에서의 권리를 다시 찾아오면서 어느 정도 설욕하였으나, 러시아인들에게 러일전쟁 패배의 치욕은 잠재적으로 남아있었다.

러시아에서의 러일전쟁 100주년 기념행사는 푸틴대통령이 추진하던 '강한 러시아' 정책과 맞물려《바랴》과《카레예츠》수병들의 영웅화 작업에 집중되었다. 특히 2003년 여름 러시아 국영 TV '러시아(Россия)'에서 조직한 탐사단이 오랫동안 방치해왔던《바랴》의 선체를 발견하면서《바랴》에 대한 러시아인들의 관심이 한층 더 고조되었다.《바랴》과《카레예츠》수병들에 대한 집중적 조명은 자연스럽게 러시아인들의 애국심을 고취시켰다.

러시아 정부는《바랴》과《카레예츠》수병들의 영웅화 작업과 추모행사를 러시아뿐 아니라 해외에서도 진행했다. 특히 한국에서는 2004년 2월, 인천항 연안부두 친수공원에 제물포해전에 참전했던 러시아 장병들을 위한 추모비를 세웠다. 추모비 제막식에는 당시 주한 러시아 대사였던 T. O. 라미쉬빌리, 러시아 정교회 총대주교였던 알렉세이 2세, 러시아 태평양 함대 사령관이었던 빅토르 표도로프를 비롯한 해군장병 등 수백 명이 참석했다. '한·러 친선'이라는 명목하에 한국 정부는 추모비 설립을 허락하였고, 인천시는 추모비를 설립할 수 있도록 5평의 땅을 제공하였다. 그러나 제막식이 진행되는 동안 인천의 시민단체들은 경찰의 제지로 행사장 안으로 들어가지 못한 채, 제막식 행사장 밖에서 제국주의 전쟁을 기념하는 추모비 설립에 반대하는 성명서를 발표하고 시위를 하였다. 시위 도중 일부 시민단체 회원들이 경찰에 연행되기도 하였다.

러일전쟁은 만주와 한반도를 둘러싼 일본과 러시아의 세력다툼 끝에 발발한 전쟁이었고, 이 전쟁의 최대 피해국은 국토가 전장으로 변해버린 조선과 만주지역이었다. 한 세기 전 조선인들의 의지를 고려하지 않은 채, 제국주의 국가들 간의 이해관계 대립과 이권 다툼의 결과 발발한 러일전쟁에 대해서 일본과 러시아로부터 아무런 사과도 받지 않은 채, 한국 정부와 인천시가 러시아의 입장에 일방적으로 맞추어 추모행사를 허락했던 것이 과연 바람직한 선택이었는지 신중히 고민해 보아야 할 것이다.

물론 러시아가 러일전쟁의 발발자는 아니었으며, 한반도에 대한 일본과 러시아의 정책을 동일선상에 두고 평가하기는 힘들다고 생각한다. 앞에서 언급했듯이, 한반도에 대한 일본의 침략 야욕은 너무나도 명확했으며 한 번도 포기한 적이 없었던 데 반해, 한반도에 대한 러시아의 입장은 시기에 따라 차이가 났기 때문이다. 이처럼 비록 경중의 차이는 있으나, 그렇다 하더라도 러일전쟁의 발발 배경에는 일본 다음으로 러시아도 책임이 있다. 이 때문에 일본으로부터의 사과는 말할 것도 없고, 러시아도 한 세기 전 제정러시아의 제국주의적 행동에 대해 먼저 사과를 해야 할 것이다. 또한 매년 《바략》과 《카레예츠》 수병들의 추모제를 지내는 것과 2004년에 인천에 추모비를 설립했을 때에도 한국인들의 이해를 구했어야 했다. 과거에 대한 사과와 한국인들의 양해를 구하는 과정이 생략된 채, 한국 내 반대 여론을 고려하지 않고 정부 간의 협의만으로 추모비 제막식과 추모제를 강행한 것은 문제가 있다. 먼저 과거문제 정리가 선행되어야만 21세기에 한·러 양국이 진정 동등하고 우호적인 관계로 발전할 수 있을 것이다.

　　19세기 말 20세기 초, 조선은 제국주의 국가들 간의 이해관계를 기반으로 복잡하게 얽혀있었던 동맹관계에 대한 통찰이 부족했다. 러일 간의 대립이 고조되자 조선 정부는 중립을 선언하고, 일본·영국·프랑스·독일 등에 조선중립을 인정해 줄 것을 요구하는 데에만 집중했다. 그래서 한반도를 침략하고자 하는 일본의 강력한 의지를 간과하는 결정적인 실수를 범하였다. 이미 일본은 조선의 중립선언 따위는 무시한 채 전쟁 준비에 박차를 가하고 있었다. 스스로를 지킬 수 있는 군사력도, 외교력도 부족했던 조선의 중립선언은 아무런 힘도 발휘하지 못했다. 설상가상으로 조선의 일부 지식인들과 언론은 일본이 주장하는 아시아연대론에 동조하기까지 하였다. 그러나 그들이 일본의 아시아연대론이 동등한 관계에서의 연대가 아니라 일본을 중심으로 한 주종관계로 동아시아 질서를 재편하려는 술수였음을 깨달았을 때는 너무 늦었다. 일본은 러일전쟁 승리 후, 친일파의 협조하에 빠른 속도로 조선을 보호국으로, 또 식민지국으로 만들었다. 조국의 운명이 결정되는 중요한 순간에 이처럼 안일하고 무능하게 대처했던 조선 지도층은 결국 조국이 일본의 식민지로 전락하는 모습을 속수무책으로 바라볼 수밖에 없었다.

　　한 세기 전 조선 지도층이 안일하게 정세를 판단했던 모습이 현재에도 반복되고 있는 것은 아닌지 생각할 필요가 있다. 특히 일본의 경우는 과거 식민지 시기에 조선에서 저질렀던 온갖 만행에 대해 공식적으로 사죄하지 않을 뿐 아니라, 매년 일본 정치인들이 태평양전쟁 전범자들이 안치된 야스쿠니 신사를 참배하기까지 한다. 일본 보수우익은 한국 영토인 독도를 자기 땅이라고 우기며 의도적으로 이슈화하고 있다. 이것은 아직까지도 일본이 과거의 잘못을 뉘우치지 않고 있으며, 기회가 되면 언제고 한반도를 위협할 가능성이 있다는 것을 나타내 준다. 이러한 상황임에도 불구하고, 2004년에 자위대창설 50주년 행사가 어이없게도 서울의 한 호텔에서 열렸으며, 심지어는 우리나라의 일부 정치인들이 이 행사에 참석해 논란이 되었다. 또한 2012년 6월 말에는 한국 정부가 한일군사정보포괄보호협정(GSOMIA) 체결안을 비밀리에 통과시킨 것이 뒤늦게 공개되어 파장을 일으켰다. 일본이 자위대를 합법화하기 위해 끊임없이 노력하고 있는 상황에서 한국 정부와 일부 정치인들의 이러한 처신은 위험천만한 행동이 아닐 수 없다. 일본의 대륙진출 야욕이 멈추지 않는 한, 우리나라의 지도층이 일본의 이런 야욕에 동조하거나 무능하게 대처하는 한, 한반도는 언제고 한 세기 전의 비극이 되풀이 될 수 있다는 사실을 잊어서는 안 된다.

한 세기 전에 비해 국제무대에서 한국의 위상이 높아지기는 했지만, 한반도는 지정학적 특수성 때문에 현재까지도 여전히 강대국의 틈바구니 속에서 고전하고 있다. 또한 현재 우리는 남북 분단이라는 어려운 문제에도 직면해 있다. 이러한 난관들을 극복하고 강대국들 사이에서 한민족이 스스로를 보호하고 살아남기 위해서는, 한 세기 전의 쓰라린 역사적 경험을 잊지 말고 교훈으로 삼아 되풀이 하지 않도록 해야 한다.

III. 순양함 《바략》의 역사 복원

이 책은 러시아 군함 역사가인 V. I. 카타예프가 《바략》에 대해 다년간 연구한 성과들을 바탕으로 저술한 『러시아 함대의 전설 순양함 《바략》』(Катаев В.И. Корейсер 《Варяг》. Легенда Российского флота. М., 2008)을 번역한 것이다. 저자는 러시아 문서보관소의 자료들과 그 외 1차 사료들에 기초하여 《바략》의 전 역사를 복원하였다. 이 중에서도 특히 우리에게 잘 알려진 제물포해전에 관한 내용이 비교적 자세히 기술되어 있다. 러일전쟁(1904~1905)의 서막이 된 제물포해전은 서양과 동양 간의 최초의 전쟁이라는 점에서 당시 전세계적인 주목을 받았다. 이 유명세 때문에 전쟁의 당사자인 러시아와 일본뿐 아니라, 그 외 국가들에서도 제물포해전에 대한 다양한 기록을 남겼다. 그 과정에서 생성된 자료들에는 작성자의 입장과 시각의 차이가 그대로 반영되었다. 특히 러시아와 일본에서 생성한 기록들은 전쟁 당사자들의 기록이라는 점에서 중요한 의미를 지니고 있지만, 동시에 어떤 부분들은 자신들에게 유리한 방향으로 기록하여 사건의 정확한 진위를 파악하는 데 혼란을 주기도 한다. 이 책의 저자인 카타예프는 러시아뿐 아니라, 일본·미국·영국 등에서 오랜 세월 동안 수집한 다양한 사료들을 바탕으로 이 책을 저술하였다. 가능한 객관적으로 《바략》의 역사와 제물포해전을 서술하기 위한 저자의 노력에도 불구하고, 이 책이 러시아 중심의 시각에서 쓰여졌다는 점을 염두해 두고 읽어야 할 것이다.

이러한 한계에도 불구하고 이 책은 다음과 같은 가치를 지니고 있다.

첫째, 우리에게 그동안 잘 알려지지 않았던 사실들에 대해 상세하게 기록하고 있다. 러시아가 《바략》을 건조하게 된 배경과 목적, 그리고 건조과정에서 발생한 미국의 '윌리엄 크람프 & 엔진건설회사'와의 갈등 및 《바략》의 결함 등에 대해서도 가감 없이 서술하고 있다. 무엇보다도 제물포해전에 대해 서술한 부분은 전투과정을 눈앞에서 목격하듯 생생하게 기술하고 있다. 또한 제물포해전 전후의 《바략》의 행보에 관한 부분은 마치 항해일지를 읽는 것처럼 꼼꼼하게 설명하고 있다. 특히 저자가 일본의 사료들을 바탕으로 재구성한 《바략》의 인양과정과 개조 후 《소이야》라는 이름으로 일본 함대에 편입되어 활동한 기록 등은 흥미롭다. 그 외에도 《바략》이 1917년에 수리를 위해 영국으로 보내졌다가 러시아 혁명의 발발 이후 러시아 황제의 빚을 대신해 독일 회사에 팔리게 되는 과정, 독일로 견인되는 도중에 스코틀랜드의 랜델푸트 근처 모래톱에 빠져 좌초되는 과정, 2003년 여름에 러시아 탐사단에 의해 발견되기까지의 상황들을 자세히 기록하여 《바략》의 전 역사를 거의 완벽하게 복원했다고 할 수 있다.

둘째, 이 책에서는 《바략》의 설계와 구조, 훈련과정에 대해서 자세히 설명함으로써 19세기 말~20세기 초 러시아 군함과 러시아 함대의 훈련과정 등에 관심이 있는 연구자들에게 중요한 정보를 제공할 것이다.

마지막으로 이 책에서는 그동안 한국에 잘 알려지지 않았던 《바략》과 제물포해전에 관한 귀중한 사진들과 저자가 문서보관소 자료를 토대로 재구성한 그래픽 자료들을 제공하여, 독자들로 하여금 《바략》과 제물포해전에 대해 보다 생생하고 쉽게 접근할 수 있게 하였다. 특히 부록에 실린 러시아·일본·미국 등에서 생성된 1차 자료들은 제물포해전을 연구하는 연구자들에게 사료적으로 큰 가치가 있을 것이다.

이 책은 인하대학교 한국학연구소 인문한국(HK)사업단의 지원을 받아 번역되었다. 이 책의 번역으로 그간 모교인 인하대학교 한국학연구소로부터 받은 많은 지원과 배려에 대해 조금이나마 보답이 될 수 있기를 바란다. 또한 긴 유학생활 동안 멀리서도 늘 격려해주시고, 이 책이 번역될 수 있도록 지원해 주신 인하대학교 한국학연구소장 이영호 은사님께 깊이 감사드린다.

저자인 V. I. 카타예프는 군함에 대한 지식이 부족했던 본인을 위해 번역 기간 동안 여러 차례 만나며 수많은 질문에 대해 자세히 설명해주고 궁금증을 해결해주었다. 또한 한국어 번역서를 위해 소장자료들을 아낌없이 제공해주었다. 저자에게 감사의 말씀을 드리고 싶다.

1, 2장을 번역하고 책의 출간을 오랫동안 기다려준 정재호 님께도 감사한 마음을 전하고 싶다. 수정작업을 비롯해 책 발간에 정성을 다해주신 노경민 대리님을 비롯한 (주)글로벌콘텐츠출판그룹에도 감사드린다.

2013년 모스크바에서
역자 신 세 라

목차

••• 일러두기

- 이 책은 Катаев В.И. Крейсер «Варяг». Легенда Российского флота. М., 2008(V. I. 카타예프, 『러시아 함대의 전설 순양함《바랴》』, 모스크바, 2008)를 번역한 것이다. 이 책은 저자의 요청하에 일부 내용을 바꾸었다.
- 이 책의 날짜는 러시아 원저서에 실린 그대로 적었다. 5장과 7장 전체, 부록·연표 중 일부는 양력에 따르고, 나머지는 모두 러시아력에 따른다. 양력으로 바뀌는 부분에는 각주를 달았다. 러시아력을 양력으로 계산할 경우, 1900년 2월까지는 12일을 더하고 1900년 3월 이후부터는 13일을 더한다.
- 인명과 지명은 가급적 러시아 발음대로 표기하였다. 다만 한국에서 이미 통용되고 있는 고유명사의 경우에는 한국식 표기에 따랐다.
- 한국어로 번역 시 문장과 문장의 연결이 매끄럽지 않은 일부 경우에 한해, 접속어를 추가하였다.
- 이 책에 실린 사진과 그래픽 자료들은 러시아 원저서에 실린 것 외에도, 저자의 개인소장 자료와 러시아 문서보관소·도서관에서 발굴한 자료들을 추가한 것이다.
- 군함 명칭은《 》로 표시하였고, 단행본·신문·잡지 등은 『 』로 표시하였다.

1장

《바략》의 건조사

▪전쟁전야의 극동 ▪건조와 시험

전쟁전야의 극동

청일전쟁(1894~1895년)은 조선에서 발생한 농민봉기(동학농민운동-번역자)를 진압하기 위해 청군이 조선에 진출한 후, 청일 간의 충돌이 일어나면서 발발하였다. 청군이 파견되자 일본은 톈진조약(1885년)을 빌미로 자국군을 파견하였고, 그 후 조선에서 친중 정부를 축출하고 친일 정부를 수립하였다. 이러한 정세변화 속에서 청일 양국 간의 갈등은 고조되었고, 결국 1894년 8월 1일(양력) 양국은 선전포고를 하고 전면전에 돌입하였다. 한때 강력했던 청국은 일본에 처참히 패배하였다. 특히 일본 함대는 청국을 패배시키는 데 일익을 담당했다.

일본의 승리는 극동지역을 둘러싼 역학관계에 변화를 가져왔다. 러시아는 동맹국들과 협의한 후 일본에게 랴오둥(요동)을 점령하지 말라고 경고했으나 일본은 이를 무시했다. 일본 시모노세키에서 평화조약이 체결되었는데, 조약 내용은 청국에게 매우 굴욕적인 것이었다. 이 조약에서 청은 조선이 자주독립국임을 인정해야 했으며, 조약 내용 대부분이 전승국인 일본이 청에게 요구하는 영토 청구권에 관한 것이었다.

얼마 후 페테르부르크에서는 니콜라이 2세를 위원장으로 하는 제2회 3상 특별회의를 개최하여 청국정세를 논의하였다. 이 회의에서는 극동에서 발생한 상황에 관해 프랑스와 독일 정부에게 협조를 구하기로 결정했다. 그 결과 1895년 4월에 러시아, 독일 그리고 프랑스는 일본에게 랴오둥 반도에서 물러날 것을 요구하는 외교각서를 발송했다. 이와 동시에 프랑스와 독일은 극동에서 군사주둔을 강화하였고, 러시아는 연해주 군관구에 동원령을 내렸다. 이러한 일련의 사건으로 위기의식을 느낀 일본은 시모노세키조약에서 요구했던 내용을 철회해야만 했다. 그 결과 랴오둥 반도는 이전처럼 청국의 영토로 남았고, 대신 일본은 배상금으로 5백만 파운드를 추가로 받았다. 모두들 결과에 만족했으나 정작 일본은 모욕당했다고 생각했다.

청일전쟁 후 서구열강들은 온갖 수단을 동원해 청의 영토를 분할했고, 러시아 또한 만주를 점령하기로 결정하였다. 이를 위해 특별회의가 열려, 극동에서 러시아의 지위를 확대·강화하기 위한 계획을 작성한 후 승인했다.

제정러시아는 1891년부터 시베리아 횡단철도 건설에 착수했으며, 철도 개통기간을 1903년으로 예상했다. 그러나 시베리아 횡단철도 건설계획은 영국과 일본의 불만을 불러일으켰다. 특히 러시아가 블라디보스톡까지 철도를 부설하기 위해 청의 북만주지역을 확보하자, 러시아에 대한 열강들의 위협은 더욱 고조되었다. 1896년 8월 27일 (양력)에 중국동청철도(東淸鐵道) 건설 조약이 체결되었다. 그 후 러시아는 여순 요새가 위치한 랴오둥 반도를 25년간 조차하였는데, 이 사건은 1898년 극동 정세를 악화시키는 계기가 되었다. 이때부터 일본과 그의 동맹국인 영국, 미국은 극동에서 러시아를 '배척'하기 시작하였다.

만주와 랴오둥 반도 외에도 조선문제 또한 러시아와 일본 간의 장애물이 되었다. 청일전쟁의 초기까지 조선은 청국에 종속되어 있었으나 전쟁의 패배로 청국은 조선에서 영향력을 상실했고, 이 기회를 이용해서 일본은 조선을 점령할 계획을 세우고 있었다. 이제 일본의 계획을 방해할 수 있는 유일한 경쟁자는 러시아뿐이었다.

이러한 정세 속에서 일본은 전쟁준비를 점차 강화하기 시작했다. 일본은 무엇보다도 먼저 해군력을 증강하였고, 러시아와의 전쟁을 계획하며 국가예산의 상당 부분을 강력한 함대 건설에 투자했다.

1895~1896년에 일본은 두 가지 군함건조계획에 착수했는데, 이 계획은 1905년까지 극동에서 러시아 해군을 능가하는 함대를 건설하는 것이었다. 1897년에 군함건조계획은 전투함을 증강하는 쪽으로 수정되었는데, 무엇보다도 유럽선박회사에서 설계한 철갑선과 철갑순양함 건조에 심혈을 기울였다. 일본 정부의 군함건조계획에 대한 투자는 1905년까지 계속되었다.

1900년 4월 일본에서는 전례없이 대규모 해상군사훈련이 실시되었다. 훈련에는 최전선의 모든 군함들이 참가했는데, 첫 번째 단계에서 53척 이상이, 두 번째 단계에서는 47척 이상이 참가했다. 기동훈련의 목적은 함대와 해안방어군의 동원력을 검열하기 위한 것이었다. 한 달 동안 계속된 기동훈련에 함대요원 2,734명 외에도 예비군에서 소집된 4,000명 이상이 동원되었다.

일본은 군함건조계획을 완수하면서 동시에 항구와 함대 기지에 있는 기술 설비에도 관심을 기울였다. 그리고 최신 시설을 갖춘 선거(船渠) 건설, 함정수리소, 석탄 정거장, 병기고 그리고 함대 전투함이 전투임무를 수행하는 데 필요한 인프라시설 건설에도 관심을 쏟았다. 그 밖에도 일본 해안을 따라 감시소를 설치했는데, 감시소에서는 해상에 의심되는 함정이 출현하면 신속하게 전신으로 보고했다.

당시 일본의 군국주의를 감지한 러시아 또한 수수방관하지 않았다. 1895년에 M. I. 카지는 니콜라이 2세 황제에게 「러시아 함대의 현 상황과 긴급한 임무에 관하여」

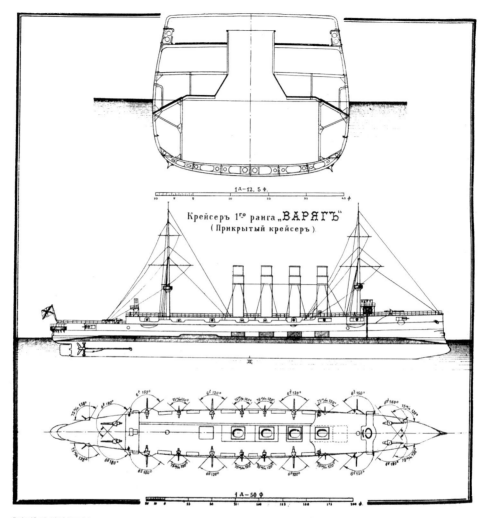

《바략》의 원안(原案)

라는 보고서를 제출했다. 이 보고서에서 카지는 당시 해군의 중심이 서방에서 극동으로 바뀐 근거를 제시하였다. 황제는 카지의 의견에 동의하였고, 이는 해군성계획에 막대한 영향을 미쳤다.

해군력 강화를 위해 1895년에 채택된 군함건조계획이 실현되었다. 그러나 일본 함대의 증강 속도를 따라가기에는 역부족이었다. 그래서 1897년에 '극동의 필요를 위하여'라는 계획을 추가로 고안하였고, 일본처럼 1905년까지 이 계획을 완성하기로 했다. 러시아는 1905년까지 극동에 구축함 10척, 철갑순양함 4척, 1급 철갑판 순양

함 8척, 2급 철갑판 순양함 5척, 함포
용 함정 7척, 기뢰수송함 2척, 여러 종
류의 어뢰정 67척, 기뢰함 2척과 보조
함 2척을 보유하겠다는 계획을 세웠
다. 그러나 국내 공장에 작업량이 많
아서 군함 중 일부분은 외국(미국, 프랑
스, 독일)에 주문을 맡겨야 했다.

'극동의 필요를 위하여' 계획에 따
라 제작된 1급 철갑판 순양함들 중
에 가장 먼저 건조된 것이 《바략》이

순양함《바략》의 기공식 기념동판

었다. 《바략》은 '전단 소속의 원거리 정찰용'으로 고안되었다. 해양기술위원회에서 설
계한 '순양함 설계용 프로그램-기술용 과제'에 따라, 만재톤수 6,000톤, 속력 23노
트, 152mm포 12문, 75mm포 12문, 그리고 어뢰발사관 6문으로 된 순양함을 보유하
도록 되어 있었다. 이런 종류의 순양함 3척을 건조하는 것은 미국과 독일의 사기업에
맡겼다(순양함 3척은 후에 《바략》, 《아스콜드》, 《보가틔리》라는 명칭을 얻음). 후에 상트페테르
부르크에서 군함 한 척《비탸지》을 더 건조하였는데, 이 군함은 독일에서 설계한 것이
었다.

일본은 군함건조를 주로 영국에 맡겼다. 당시 영국은 군함건조 분야에서 선두를

《바략》의 우측 엔진 크랭크 축(사진-V. 안드레예프)

달리고 있었다. 그 결과 일본은 예정기간보다 2년 단축된 1903년에 군함건조계획을 완성했다.

그러나 러시아의 '극동의 필요를 위하여' 계획은 계속 지연되고 있었다. 결국 일본은 자국의 해군력이 러시아보다 더 강해졌다고 판단한 시기에 전쟁을 일으켰다.

건조와 시험

'극동의 필요를 위하여' 계획에 따라 미국의 '윌리엄 크람프 & 엔진건설회사'에 군함 2척의 건조를 맡겼다(이 회사에 순양함과 철갑판 순양함을 주문했는데, 나중에 각각《레트비잔》과《바략》이라는 명칭을 얻었음). 러시아 해양기술위원회가 군함건조를 국제입찰에 붙였으나, '윌리엄 크람프 & 엔진건설회사'는 이 입찰에 참여하지 않으면서도 경쟁자들을 제치고 계약을 체결(1893년 4월 11일)하는 데 성공했다. 계약서는 1898년 4월 20일에 황제의 승인을 받았다. 계약조건에 따르면, 러시아 검사위원회가 공장에 도착한 이후부터 배수량 6,000톤의 순양함(주문번호 301-후의《바략》) 건조에 착수하기 시작하여 20개월 내에 완성해야 한다고 적혀있었다. 무기 가격을 제외한 배의 가격은 미화 2,138,000달러(4,233,240루블)였다. 계약을 체결할 때 구체적인 설계도가 작성되지 않았기 때문에, 건조과정에서 문제가 발생하면 양측이 공동으로 해결하면서 순양함의 최종 설계도를 작성하기로 협의했다.

1898년 7월 13일에 M. A. 다닐렙스키 대령이 이끄는 검사위원회가 공장에 도착했다. 검사위원회는 선박건조 분야의 전문가들로 구성되었다. 위원들은 공장에 도착한 직후부터 회사 대표인 크람프와 논쟁을 벌여야 했다. 크람프는 계약서를 영문으로 번역하는 과정에서 발생한 오류를 근거로 계약조건에 명시되어있는 러시아 측의 요구에 반박하기 시작했다. 그는 선박을 계획대로 완성할 수 없으며, 만약 계획대로 완성하고자 한다면 추가비용이 들 것이라고 주장했다. 특히 크람프는 기술서에 순양함의 배수량을 낮춰서 계산했는데, 이 때문에 152mm포 2문을 철거하고 석탄 예비량을 400톤이나 줄여야만 했다. 양측은 합의 끝에 결국 배수량을 6,500톤으로 증가시키기로 결정했다. 크람프는 계약서상에 명시된 대로 순양함이 23노트의 속력을 내도록 하기 위해 연료 송풍 추진력을 강화하자고 제안했다. 그러나 위원회는 이에 동의하지 않았다. 결국 크람프 회사에서는 23노트의 속력을 내기 위해 기존의 도안에 작성되

《바략》의 건조과정 1(사진-A. 쥬크)

《바략》의 건조과정 2(사진-A. 쥬크)

었던 18,000마력이 아니라 더 강력한 동력을 낼 수 있는 20,000마력의 기관으로 설계했다.

원안(原案)에 따라 군함에 대구경 함포와 탄약고를 설치하기로 했다. 그러나 보일러실과 기관실 주변에 탄약고를 배치하는 문제를 두고 크람프 회사에서 이의를 제기했다. 장소가 협소한 것이 문제였는데, 이 문제를 해결하기 위해 크람프는 포를 함미 끝에 모으자고 제안하였다. 이 제안대로라면 전투 시 적의 포탄을 제대로 방어하면서 동시에 탄약고를 적절하게 배치할 수 있었다. 위원회는 이 제안을 심사숙고한 후, 원안을 수정하는 데 동의하였다.

크람프는 새로운 군함건조를 위한 표준모델로 일본의 철갑판 순양함《카사기》를 채택할 것을 제안했으나, 해양기술위원회는 순양함《디아나》를 채택하자고 주장했다 (《디아나》는 1895년 계획에 따라 건조되었음). 계약서상에는 당시 러시아 함대에서 평판이 좋았던 벨빌 기관들을 설치하기로 되어있었다. 비록 벨빌 기관이 무게가 많이 나가기는 했지만, 니클로스 보일러에 비해 안전했기 때문이다. 그러나 크람프는 주문자인 러시아 측의 요구를 수용하지 않고 니클로스 보일러 설치를 강력히 추천하였으며, 만약 니클로스 보일러를 설치하지 않는다면 계약에 명시한 23노트의 속력을 보장할 수 없다고까지 하였다. 안타깝게도 러시아 정부는 크람프의 의견을 지지했고, 결국 이 논쟁은 크람프 회사에게 유리한 쪽으로 해결되었다(해군중장이며 국립선박건조·제공본부의 총책임자인 V. P. 베르홉스키가 크람프 회사를 지지했다).

한편, 페테르부르크와 워싱턴에서 온 해양기술위원회 관료들의 간섭때문에 검사위원회가 종종 곤란한 상황에 처하곤 했다(특히 워싱턴 주재 러시아 공사관 해군무관 D. F. 메르트바고의 간섭이 심했음). 특히 검사위원회 위원장인 다닐렙스키에게 비난이 쏟아졌는데, 크람프는 이러한 상황을 자신에게 유리한 방향으로 이용하였다. 결국 다닐렙스키와 메르트바고 사이의 논쟁 때문에 1898년 12월에 검사위원회 위원장이 A. N. 쉔스노비치 대령으로 교체되었다(쉔스노비치 대령은 후에 철갑선《레트비잔》의 함장이 되었다).

《바략》의 최초 함장인 V. I. 베르 대령. 베르 대령은 1905년 쓰시마 해전 중 장갑함《오스랴뱌》에서 전사하였다(사진─ H. Reniz, F. Schrader).

1899년 1월 11일 황제와 해군성의 명령에 따라 앞으로 건조될 순양함을《바략》이라고 명명했다.《바략》은 1863년 미국 탐험에 참여했던 범선과 동일한 명칭이었다. 신형 순양함인《바략》의 함장으로 V. I. 베르 대령이 임명되었다.

당시 선가(船架)에서는 군함건조 작업에 박차를 가하고 있었다. 간혹 러시아와 크람프 공장 양측이 서로 자신의 이익을 주장하며 심하게 다투기도 하였다. 순양함 외관에 대한 논쟁은 멈추지 않았다. 논쟁 끝에 전투정보실의 규모를 확대하기로 결정하였다. 그 외에도 시야를 확보하기 위해 전투정보실을 더 높게 배치했으며, 어뢰발사

V. 크람프 공장의
《바략》(1901년)

필라델피아의
V. 크람프 공장

순양함《바략》의 진수 장면(1899년 10월 19일, 사진－A. 쥬크)

관·연돌덮개·탄약공급승강기·기관실 출입문을 철갑으로 보호했다. 또한 크람프를
설득해서 순양함의 현측 늑골 높이를 0.45m에서 0.61m까지 확대하는 데 성공했다.
검사위원회의 노고 덕분에 보조기계도 구동장치로 작동할 수 있었다(심지어는 취사장
의 반죽기계까지도 구동장치로 작동되었다). 그러나 일부 계산상의 착오가 발생하였고, 이
때문에 무게가 초과되어 무장 보호덮개는 설치하지 않았다. 계약서에서 '무기'에 관
해 정확히 명시하지 않기 때문에, 크람프는 보조시스템과 무장사격을 지원하는 보
조기구(사격통제 눈금판, 승강기, 탄약공급궤도 및 그 외 기구들)를 제작하는 데 필요한 추가
금액을 요구하였고 러시아는 이를 지불해야만 했다.

　기공식(1899년 5월 10일) 이후에도 건조작업은 계속되었다. 나선추진기축틀·늑골용
재관·함외부변·킹스톤변 그리고 다른 부속품들을 설치하였다. 당시 해양기술위원회
는《바략》외에도 70건 이상의 주문을 받은 상태여서 해양기술위원회 관리들의 업
무가 지연되었다. 불가피하게 작업이 지연되는 과정에서 오해가 생겼고, 때때로 이미
작업이 끝난 것을 다시 변경하는 일도 있었다.

　함정용 철갑금속판 주문에도 문제가 발생했다. 러시아 해양기술위원회와 검사위

원회는 '가장 유연한 니켈강철'로 된 철갑금속판 궤도를 사용할 것을 주장했으나, 크람프는 일반적인 선박건조 강철을 주문했다. 크람프는 '순양함설계계획'에서 어떤 강철을 쓸지에 대해 분명히 명시하지 않은 것을 근거로 들며, 또 다시 러시아 측의 요구를 묵살하고 일반 강철을 주문한 것이다. 러시아 측이 니켈강철 설치에 대한 추가비용을 크람프 회사에 지불하겠다고 약속한 후에야 철갑금속판 주문을 둘러싼 양측의 대립이 해소되었다. 그 외에도 철갑판구조를 둘러싼 논쟁도 발생했다. 해양기술위원회 관료들이 일을 지체하는 바람에 검사위원회는 크람프 공장에서 제안한 보호막 설계도를 채택할 수밖에 없었다. 이 설계도에 따르면 보호막은 여러 수평 철갑으로 구성되고 두 개의 금속판으로 단접되도록 되었다.

군함건조가 상당히 빠른 속도로 진행되었음에도 불구하고, 순양함 진수 시기는 계속 지연되었다. 1899년 8월에 공장에서 일어난 동맹파업과 미국 전역으로 확산된 파업으로 인해 진수 시기가 10월로 변경되었다. 마침내 10월 19일 비오는 날에 미국 주재 러시아 대사인 A. P. 카시니 백작과 러시아와 미국 측 공식 인사들이 참석한 가운데 순양함《바략》이 진수되었다. 견인선이 군함을 잡아당기자 완성된 군함 선체가 바다 위로 밀려 내려갔다.

12월 29일에 무장한 증기선《블라디미르 사빈》이 입항했다. 1900년 1월 1일까지《바략》의 선체 내부에 기본 설비를 사실상 끝냈고, 상부갑판에 무기를 설치했다.《바

《바략》에 설치할 장갑판

략》의 건조작업은 쉴 새 없이 진행되었고 철갑선《레트비잔》의 노동자들까지 작업에 동원했음에도 불구하고 계약서에 명시한 1900년 6월 29일까지《바략》을 러시아에 인도할 수 없었다. 해양기술위원회는 벌금규정에 따라《바략》의 건조가 지연된 책임을 물어 크람프 회사에 벌금을 요구하는 서류를 준비하였다. 이에 대해 크람프는 러시아에서 설계도에 합의하기까지 오랜 시간이 걸렸던 것, 이미 조립한 것을 여러 차례 변경했던 것, 그리고 미국 전역에서 일어났던 동맹파업 등을 이유로 러시아 측의 벌금 요구에 반론을 제기했다. 결국 러시아 정부는 미국의 동맹파업으로 인해《바략》건조가 지연되었던 점을 정상참작하여 크람프 회사에 벌금을 부과하지 않았다.

　마침내 5월 초에《바략》에 연돌, 돛대 그리고 무기를 장착하였다. 5월 중순경에 크람프 회사는《바략》의 계류시운전에 들어갔다. 5월 16일에《바략》은 공장 승무원을 태우고 처음으로 바다로 출항했다. 기관 시운전을 할 때 순양함은 22.5노트의 속력을 냈다. 베어링이 심하게 과열되었으나 시운전은 성공적이었다. 이 같은 결과는 계약상에 명시한 23노트의 속력을 달성할 수 있다는 희망을 안겨주었다. 좌우현 함포를 포함한 전체 함포사격도 실시하였으나 선체가 손상되거나 변형되는 문제가 발생하지 않았다. 1, 2, 3, 4번 함수포 사격 시 포카버를 벗기고 사격하였다. 또한 9, 10번 함

아직 완성되지 않은 상태에서 대서양을 시범 항해 중인《바략》(사진-크람프 공장)

완공 중인《바략》(사진-V. 안드레예프)

《바략》갑판에서 수병들과 기술자들이 포즈를 취하고 있다(1900년 5월 16일, 사진-V. 안드레예프).

필라델피아에서 러시아로 떠나기 직전의《바략》(사진-N. L. Stebbins)

미포 사격을 반복하였다. 사격 결과를 고려하여 3, 4번포 위의 양측 갑판에 연장 현측을 설치하였다.

그러는 사이에 순양함을 인도해야 하는 기간이 지나버렸지만 항해시운전조차 준비되지 않았다. 마침내 7월 2일에《바략》은 수면하 현측 도색을 위해 선거로 들어갔고, 7

월 12일에《바략》은 함수 흘수 5.8m, 함미 흘수 6m를 유지하며 항해시운전차 바다로 나갔다. 항해시운전을 실행했던 날은 강풍이 불고 비가 내리는 음산한 날씨였다. 시운전이 시작될 때 파도의 높이는 3바르였으나 끝날 때 즈음에는 4바르로 높아졌다. 10마일 거리에서 점진적으로 항해시운전을 실시하였다. 16노트로 3회 항해하고, 18, 21, 23노트로 각각 2회씩 항해했다. 시운전 끝에《바략》은 16,198마력과 15.5증기기압 하에서 24.59노트를 기록했다.

7월 15일에《바략》은 12시간 동안 멈추지 않고 전속력으로 시운전을 하였다. 모든 것이 순조롭게 시작되었으나《바략》이 전속력으로 8시간 동안 항해했을 때, 갑자기 좌현 기관 고압실린더 덮개가 고장나서 항해시운전을 강제로 정지해야만 했다. 기관 수리는 9월 중순까지 계속되었다. 12시간 동안 시운전을 하기 전에 24시간 동안 10노트의 경제속력[1]으로 항해하기로 결정했다. 시운전은 아무 문제없이 지나갔다. 마침내 순양함《바략》의 동력설치가 다음과 같이 명확해졌다: 1일 담수생산력은 38.8톤(설계상으로 37톤), 1일 석탄 소비량은 52.8톤. 결국 석탄저장고 전체 용량 1,350톤으로 6,136마일을 항해할 수 있었는데, 이는 설계치를 현저히 초과하는 것이었다. 게다가 좌, 우현 기관 출력은 576마력과 600마력을 기록하였고, 스크류 회전수는 좌, 우 각각 분당 61.7회와 62회였다.

9월 21일 아침부터《바략》의 항해시운전을 시작하여 전속력으로 12시간 동안 계속 진행되었다. 수평용골에 대한 순양함 흘수는 5.94m였고, 파고(波高)는 2바르 그리고 풍력은 3바르였다. 보일러의 연돌 하나가 파열된 것을 제외하면 시운전은 대체로 성공적이었다. 시운전 결과《바략》은 평균 속력 23.18노트를 기록하며 계약치를 초과하였다. 기관은 17.5기압의 증기압력에서 14,157마력을 기록하였으며 스크류는 분당 평균 150회 회전하였다.

9월 22일 크람프는 계약상에 명시된 것보다 좋은 성능으로 건조된 군함《바략》을 러시아 측에 인도했고, 공장은 기쁨과 환희로 가득찼다. 그러나 검사위원회 위원들의 반응은 달랐다. 위원들은 항해시운전 결과에 만족하였지만 침착함을 유지했다.《바략》을 양도할 당시에 사소한 결함이 다수 발견되었으나 러시아로 출항하기 전까지 점차 해결해나갔다.

---

1) 석탄을 최소한으로 소비하면서 항해하는 속력(각주 – 번역자)

《바략》의 갑판 전경

델라웨어강 근처의 《바략》

《바랴》의 함미 함교 모습

《바략》의 후갑판에 있는 수병(사진-N. L. Stebbins)

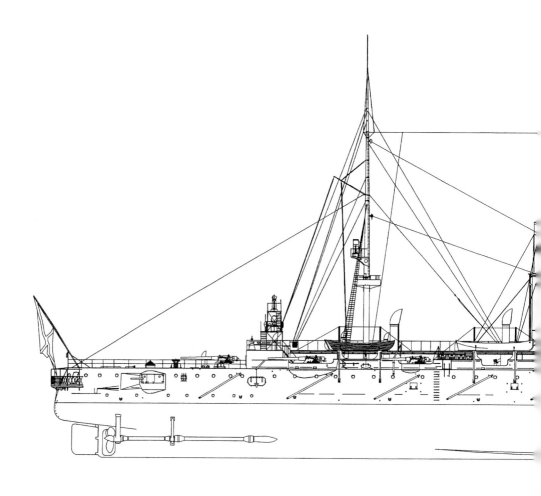

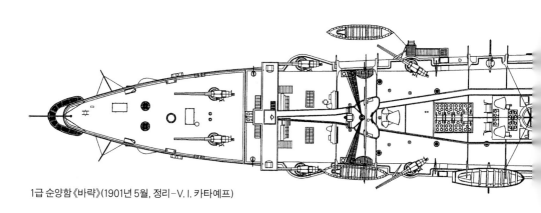

1급 순양함《바략》(1901년 5월, 정리－V. I. 카타예프)

《바략》의 구조

선체와 철갑

이전에 작성된 설계도에 따르면《바략》의 선체중량은 보조기구들을 포함해 2,900톤이었다. 순양함《바략》에는 선체에 이물갑판(함수갑판)을 설치하여 폭풍우가 몰아치는 바다에서도 전투력과 항해력을 향상시킬 수 있도록 하였다. 청동으로 제작된 선수재(船首材)와 선미재(船尾材) 사이에 위치한 용골은 선체의 근간이 되었다. 용골은 수평 금속판들과 직각판들을 조립하여 완성되었다. 먼저 수평한 용골에 금속판을 고정시킨 후, 그 구조물 위에 수직 용골 금속판을 단접했다. 그 후 이 조립물에 횡단면 보강금속판을 연결시켰다. 이 구조물 위에 제2선저면[1]을 만들기 위해 금속판을 깔았다(제2선저면의 길이는 선체의 길이와 같았다). 제2선저면에 전체 기계와 주요 기관들이 설치되었다. 니클로스 보일러(총 30대) 기반에 벽돌로 쌓은 특수받침대를 설치했다.[2] 보강된 외판, 가로·세로의 강력한 골조, 갑판 바닥, 철갑판, 선수재·선미재, 그 외 기계·보일러·기관을 고정시키는 데 필요한 구조물 등이《바략》의 선체를 구성하고 있었다. 선체 높이는 10.46m였다.

주요 기계장치, 기관, 보일러 그리고 저장고는 아주 부드러운 니켈로 만든 철갑판으로 씌워졌다. 제1선저면부터 철갑판까지의 높이는 6.48m였다. 제1선저면부터 기관실 위쪽 갑판까지의 높이를 7.1m까지 높였다. 선체를 정면에서 보았을 때 갑판 양쪽 끝이 경사졌는데, 갑판 끝과 현측이 닿는 지점에서부터 흘수선까지의 높이는 1.1m였다. 철갑판의 수평 부분은 19mm 두께의 금속판 두 개를, 경사진 부분

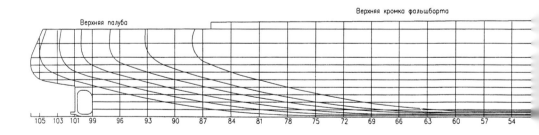

1) 만약 선저면이 한 겹으로 되어 있었다면 적의 포탄이 선체에 명중되었을 때, 선저면에 설치된 기관, 보일러 등 주요 기계들이 파손될 가능성이 컸다. 이 때문에 선체 아래쪽에 배치된 주요 기계들을 보호하기 위해 선저면을 이중으로 만들었다. 제2선저면은 안쪽에 위치한 것으로, 만약 제1선저면이 적의 공격을 받아 파손되더라도 제2선저면이 바닷물의 유입을 막고 주요 기계들을 보호할 수 있었다(각주-번역자).

은 38mm의 두께의 금속판 두 개를 단접하여 만들어졌다. 따라서 철갑판 수평 부분의 총 두께는 38mm, 경사진 부분의 총 두께는 76mm였다. 금속판의 폭은 평균 3.74m였다. 철판에 있는 점성 성분은 포탄이 예각(鋭角)으로 명중하면 튕겨져 나갈 수 있게 하였다. 모든 철갑 금속판은 피츠버그에 위치한 '카네기 강철 회사'에서 공급하였다. 갑판 중앙 부분, 즉 보일러실 위쪽과 연돌 아랫부분에 구멍을 내었고, 기관실 천장에는 채광창을 설치했다. 기관실·보일러실 근처의 빈 공간에 석탄저장고를 설치했다. 석탄저장고는 석탄을 저장하는 기능 외에도 기계장치와 시스템을 보호하는 역할도 담당했다.

석탄저장고 근처 현측 외판 쪽에 너비 0.76m, 높이 2.28m로 된 섬유소저장고를 설치하였다. 그러나 섬유소는 오랫동안 저장하기 어렵다는 이유로 싣지 않았고 섬유소저장고는 그냥 비워두었다. 연돌·채광창·조종장치·탄약공급장치 근처에 철갑 덮개를 설치하였고, 어뢰발사관의 포구 부분에는 강력한 보호장치를 설치했다. 철갑판에 있던 승강구 덮개는 위, 아래로 열릴 수 있었다.

철갑판 아래, 제2선저면에는《바랴》의 주요 기계들과 기관들이 설치되었다. 제2선저면에는 크게 두 그룹으로 나뉘어진 석탄저장고가 각각 함수와 함미 끝 부분에 배치되었으며(각 그룹당 9개의 석탄저장고가 속함), 석탄을 저장하는 기능 외에도 기계와 기관을 보호하는 역할을 담당했다.

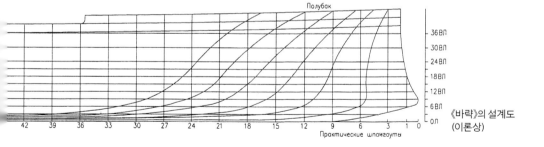

《바랴》의 설계도
(이론상)

---

2) 만약 보일러가 제2선저면에 직접 닿아 있었다면, 보일러가 작동할 때 과열되면서 제2선저면에 화재가 날 수도 있었다. 이를 방지하고자 제2선저면 위에 벽돌을 쌓아 받침대를 만들고 그 위에 보일러를 설치하였다(각주 – 번역자).

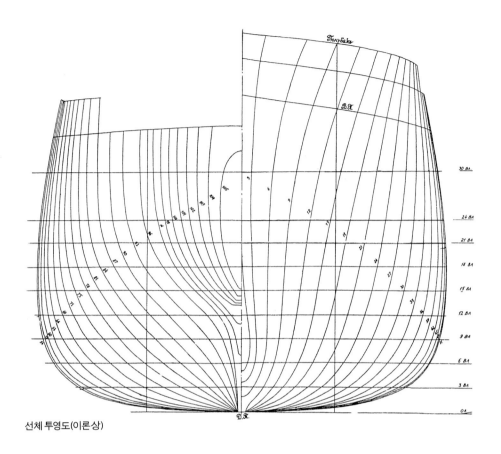

선체 투영도(이론상)

철갑판에는 함수·함미 어뢰발사관실과 작업실이 설치되었으며, 선체를 정면으로 보았을 때 철갑판의 양쪽 끝 경사진 부분과 현측이 만나는 부분에 석탄저장고를 배치하였다. 철갑판 위쪽에는 승조원용 거주갑판이 설치되었고, 승조원실은 함수 아래 빈 공간에 배치되었다.

무장

'순양함설계계획'에 따르면 203mm포 2문, 152mm포 10문, 75mm포 12문, 47mm 포 6문과 어뢰발사관 6문을 설치하되, 어뢰발사관 6문 중 2문은 수면하에 설치하도록 되어있었다. '순양함설계계획'에서는 함포 무장에 총 440.5톤을 할당했으나, 실제로는 계획보다 30톤 이상이 초과되었다. 총 함포 무게 중에 150.4톤은 152mm

포 무게에 할당되었고, 134톤은 어뢰·기뢰 무장에, 그리고 수중 어뢰발사관에 26 톤이 할당되었다. 6,000톤급 순양함《바략》,《아스콜드》,《보가틔리》의 최종 설계도에는 152/45mm 12문, 75/50mm 12문, 47/43mm 8문, 37/23mm 2문, 바라놉스키 함포 63.5/19mm 2문, 381mm 어뢰발사관 6문과 7.62mm 기관총 2문을 설치하도록 되어 있었다. 이 외에도 단정용 어뢰와 기뢰차단물도 설치하기로 계획했다.

이 모든 무장들이 《바략》에 장착되었다. 다른 순양함들과는 달리 《바략》에는 모든 어뢰발사관을 수면 위에 배치하였다(설계상으로는 어뢰발사관 6문 중에 2문은 수면하에 설치하도록 되었지만, 실제로는 모든 어뢰발사관을 수면 위에 배치하였다). 모든 지침서와 전문 서적에는 《바략》에 381mm 어뢰발사관이 설치되었다고 기록되어 있으나, 실제로는 450mm 구경이 설치되었다. 크람프 공장의 설계도 원본에 작성된 어뢰발사관 모양과 《바략》 사진에 나타난 어뢰발사관 모양을 살펴볼 때, 450mm 어뢰발사관이 설치된 것이 확실했다.

순양함의 대형 함포(152mm포, 75mm포)는 3개의 포병중대로 구성되었다. 함수에 배치된 152mm포 6문은 제1포병중대에, 함미에 배치된 152mm포 6문은 제2포병중대에, 75mm포 12문은 제3포병중대에 속했다.

소구경 함포를 포함한 순양함《바략》의 모든 함포에 일련번호가 매겨졌다. 우현은 홀수번호로, 좌현은 짝수번호로 매겨졌으며, 번호 순서는 함수에서 함미방향으로 다음과 같이 정했다:

1) 1891년 카네형 152mm포: 1, 2번 함포는 함수갑판에, 3~12번 함포는 상부갑판에 설치.

2) 1891년 카네형 75mm포: 13~22번 함포는 상부갑판에, 23, 24번 함포는 함장실 거주 갑판에 설치.

3) 1896년 고치기스형 47mm포: 5, 6번 함포는 함수갑판 받침대에, 27, 28번 함포는 함수 부분에 설치. 29, 30번 함포는 앞 돛대 아래 망루에, 31, 32번 함포는 앞 돛대 망루에 설치.

4) 1896년 고치기스형 37mm포: 33, 34번 포는 함미 함교(艦橋) 뒤쪽에 설치.

5) 1882년 바라놉스키형 63.5mm 상륙지원포: 35, 36번 함포는 함수 함교 날개 아래 함수갑판에 배치하고, 바퀴가 달린 이동식 포가(砲架)는 전투지휘실 뒤쪽 함미 함교 아래에 별도로 보관.

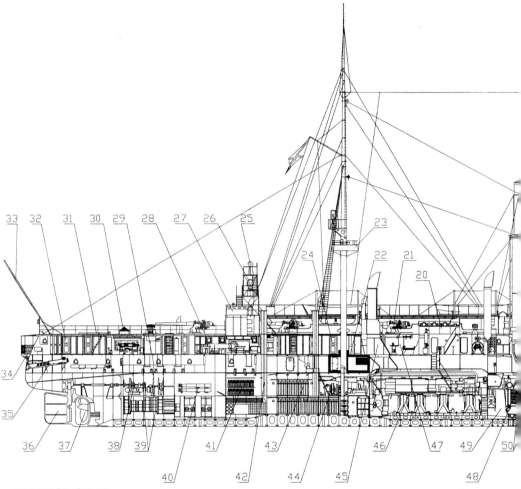

1급 순양함《바략》의 구조

1·35 – 어뢰장치
2 – 어뢰장치 철갑덮개
3 – 함수 문양 / 4 – 닻줄 기본요소
5 – 함수 깃발대 / 6 – 기중기장치
7 – 강철지주 / 8 – 75mm포 No.14
9 – 양묘기
10 – 양묘기 증기구동장치
11 – 152mm포 No.2
12 – 중앙초소 전투지휘실의 철갑
13 – 항해조종실(함교)
14·25 – 주요 나침의
15·23 – 장루

16·26 – 탐조등
17 – 기계전신기구
18 – 전문기술부사관 식당 겸 휴게실
19 – 의무실
20 – 채광창
21 – 152mm포 No.8
22 – 냉각기
24 – 장교사관실
27 – 생활공간
28 – 침실
29 – 지휘부 방(하부갑판)
30 – 지휘관 집무실 채광창

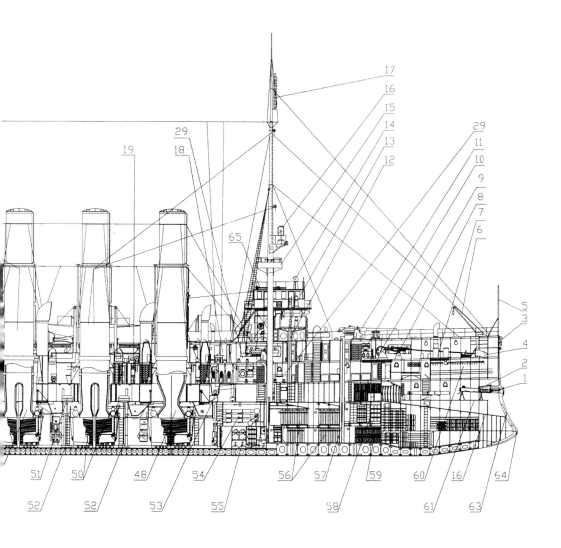

31-지휘관 집무실 출입사다리
32-지휘관 집무실
33-함미 깃발대
34-발코니
36-타
37-스크류
38-타기실
39-식량창고
40·54-어뢰저장고
41·59-75mm 탄약창고
42·57-탄약 공급용 승강기 수직통로
43·56-152mm 탄약 및 탄피저장고

44-발전기실 / 45-수직통로
46-증기기관실 / 47-기계제작실
48-연돌 / 49-보일러실
50-연료저장고 / 51-원심펌프 전동기
52-원심펌프 / 53-함상 교회
55-기뢰저장고 / 58-함수창고
60-사우나실 / 61-철갑판
62-철갑판 / 63-함수
64-함수 충각
65-비상용 닻을 위한 장치기구

《바략》의 정면

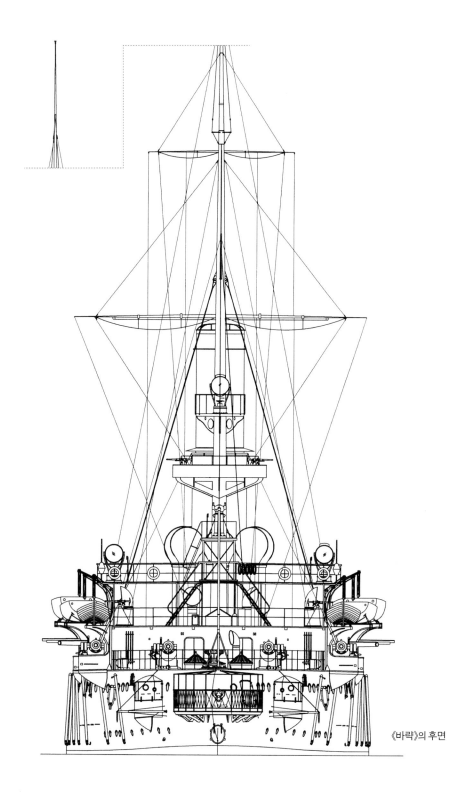

《바략》의 후면

6) 기관총: 전투정보실 근처 방파판에 위치한 특수 총좌에 설치됨. 사수는 사격하기 전에 특수받침대를 내린 후 받침대 위에 서서 사격. 이 받침대는 정확히 구명보트 아래 함미 부분에 설치됨. 필요할 경우 이 총좌에 착탈식 47mm포 25, 26번을 설치할 수도 있었음.

이미 기술한 것처럼 순양함《바략》의 모든 어뢰발사관은 수면 위에 설치되었다. 어뢰발사관 중 2문은 각각 함수와 함미 끝에 고정되었고, 4문은 현측에 설치되었다. 현측에 설치된 4문 중 2문은 함상 예배실에, 2문은 사관실에 설치되었다. 현측 어뢰발사관은 회전이 가능했으며, 조준은 구형(求刑) 장치로 작동되었다. 기동 중에 어뢰발사관은 다양한 형태로 배열되었다. 현측의 어뢰발사관은 화약가스가 어뢰를 미는 힘으로 발사되었다. 함수 어뢰발사관으로 포격할 때 바닷물이 어뢰발사관 안으로 유입되는 것을 막기 위해 사격방향으로 압축공기를 계속 불어넣었다.

이 외에도《바략》에는 소형 증기선용 254mm 어뢰발사관이 있었다. 기동 시 254mm 어뢰발사관은 소형 증기선 옆 함교의 바닥 아래에 고정시켰다.

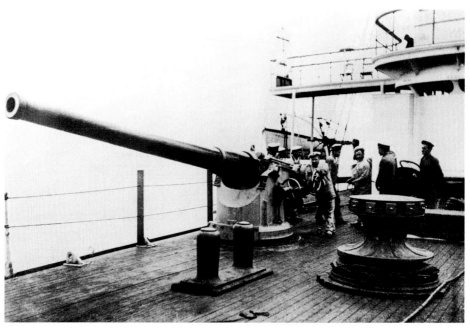

《바략》의 수병들이 1번 152mm포로 포격을 준비하고 있다(사진-크람프 공장).

순양함《바략》의 포탄은 18개의 포탄저장고에 보관되었다. 처음에는 포탄저장고를 모든 군함의 현측에 먼저 배치하기로 했지만, 보일러실과 기관실 등의 공간부족으로 인해 방어에 문제가 생길 수 있었기 때문에 최종안에서는 함수와 함미 양쪽 끝에 각각 9개씩 포탄저장고를 집중배치하기로 결정했다. 포탄저장고에는 모든 구경의 포탄과 어뢰, 기뢰, 기뢰차단물, 기관총 탄피와 저격수용 탄피가 있었다. 대구경 함포에는 철갑탄, 폭뢰탄, 주철탄, 분할탄을 사용하였고, 75mm포에는 철갑탄과 주철탄만 사용했다.

포탄저장고마다 152mm용 총탄과 포탄 2,388발(1문당 199발), 75mm용 총탄 3,000발(1문당 250발), 47mm용 총탄 5,000발(1문당 625발), 37mm용 총탄 2,584발(1문당 1,292발), 63.5mm용 총탄 1,490발(1문당 745발), 직경 381mm 어뢰(혹은 450mm 어뢰) 총탄 12발, 직경 254mm 투척 기뢰 6기 그리고 기뢰차단물 35개가 섞여 있었다.

전기장치와 수동장치로 된 기중기가 모든 구경의 포탄을 운반했다. 포탄과 탄약은 한 번에 4개씩 수레에 실려 위로 올라간 후 특수 모노레일을 따라 함포까지 굴러가서 갑판에 펼쳐진 방수포로 옮겨졌다. 모노레일은 상부갑판에 배치된 모든 무기로 연결되었고, 포탄저장고 전체에도 배치되었다. 1, 2번 함포까지는 접이식 모노레일로 포탄과 탄약들을 공급하거나 혹은 수동으로 직접 날랐다. 장루에 설치된 함포에는 돛대 내부에 설치된 기중기로 포탄을 공급했다. 12대의 기중기가 152mm포에 설치되어 포탄을 공급하였고, 3대의 기중기는 75mm포에, 2대의 기중기는 47mm포에, 나머지 기중기는 37mm포와 바라놉스키 함포에 설치되었다(1문에 기중기 한 대씩 배치). 전기구동장치로 포탄을 공급할 경우 수레의 승강속도는 초당 0.8~0.9m이며, 수동으로 승강할 경우 초당 0.2~0.4m였다.

순양함에는 특수 지시기로 작동하는 원격전동식 사격통제시스템이 도입되었다(특수 지시기는 무기와 저장고에 설치되었다). 전투정보실에서 각 구경마다 연결된 전선을 통해 사격변수와 탄약종류에 관한 정보를 직접 전달했다. 사격통제시스템 전선망의 총 길이는 1,730m였다. 시스템은 강압변압기(전압 100볼트에서 25볼트까지, 전류 25암페어까지), 전선망, 강압장치로 이루어졌다.

모든 함포와 포탄저장고에 동력장치가 설치되어 전투 시 전투정보실로부터의 명령을 전달했다. 전투정보실은 동력장치를 통해 각 함포와 포탄저장고에 발사거리 및 발사할 포탄 종류를 지시하였다.

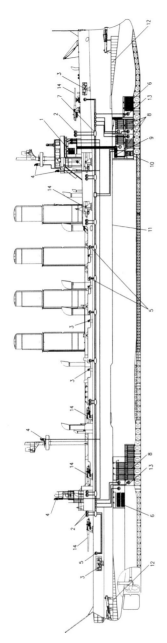

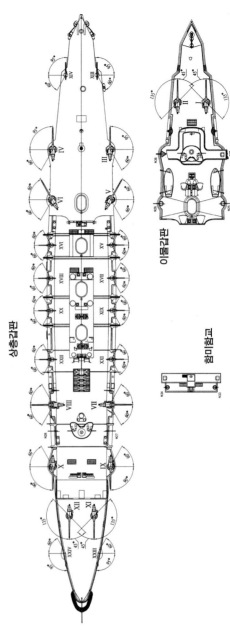

상층갑판

이물갑판

함미갑판

《바략》의 사격통제장치 위치

1-전투조종실의 고정장치

2-전투용 거리측정판

3-75mm포

4-거리측정소

5-포탑 눈금판

6-75mm포 탄약저장고

7-배전반

8-152mm포 탄약저장고

9-중앙감시소 기구

10-축전지

11-철갑판

12-판

13-탄약저장고의 탄약눈금판

14-152mm포

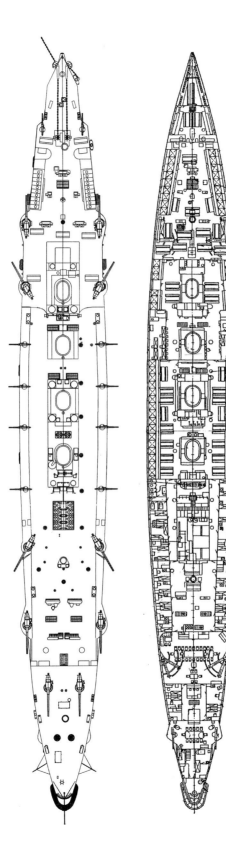

《바략》의 설계도

거리측정기가 설치된 6개의 거리측정소에서는 목표지점까지의 거리를 측정하는 일을 담당했다. 전기장치는 함포, 포탄저장고, 전투정보실 그리고 거리측정소의 상자에 설치되었고, 거리측정소에서는 거리측정을 위해 류졸리-먀키쉐프 측미기(測微機: 마이크로미터)가 설치되어 있었다. 전송거리를 정확하게 유지하기 위해 거리측정소에 통제눈금판을 설치했다.

중앙초소에는 2개의 방위눈금판과 2개의 전투눈금판이 설치되었다. 이곳에 전동장치를 설치하였는데, 전동장치는 망에서 매개변수를 통제하였다.

주요 기계장치

2만 마력을 기록한《바략》의 증기기관들은 2개의 기관실에 배치되었으며, 그 높이는 4.5m였다. 전속력으로 항해시운전을 할 때 높은 마력을 기록하기는 했으나, 보일러가 고압증기를 공급하지 못했기 때문에 마력이 높은 것은 아무 소용이 없었다.

순양함《바략》에는 고압실린더 1개(14기압, 직경 1.02m), 중앙실린더 1개(8.4기압, 직경 1.58m), 저압실린더 2개(3.5기압, 직경 1.73m), 총 4개의 실린더 기관이 설치되었다. 피스톤 행정은 0.91m, 최고 축회전 각속도는 분당 160회 회전했다. 그리고 피스톤 연결대는 단조된 니켈강철로 제작되었으며 속은 비어있었다. 주기관의 강철축 또한 단조된 니켈강철로 만들었다. 기관의 크랭크축은 4개의 고리로 이루어졌고, 구조물에서 지주축은 14개의 고리로 이루어졌는데, 이 고리들은 스크류로부터 추진력을 받아들이는 기본요소가 되었다. 제철모양의 안전고리 14개는 추진력을 미는 역할을 하였고 지주베어링을 선체에 고정시켰다. 고리가 축에 닿는 부분은 백색합금을 발라서 회전축이 최소한의 마찰로 빨리 움직일 수 있게 하였다. 축이 회전할 때 과열될 우려가 있었는데, 이를 막기 위해 물을 부어 열기를 식혔다. 군함에는 두 개의 스크류가 있었고, 스크류는 용골용재의 도관을 통과하여 배의 현측 밖으로 뻗어 있었다.

설계도에는《바략》에 직경 4.4m의 착탈식 프로펠러 4개로 구성된 스크류 2개를 설치하도록 되어 있었다. 그러나 건조과정에서 길이 5.6m의 프로펠러 3개로 구성된 스크류 2개를 설치하는 것으로 바뀌었다. 축의 공전을 위해 보조용 실린더 기관 2개를 사용하였다.

미국에서 시운전할 때 전속력으로 항해하면 기관실 아랫부분의 온도는 31도까지,

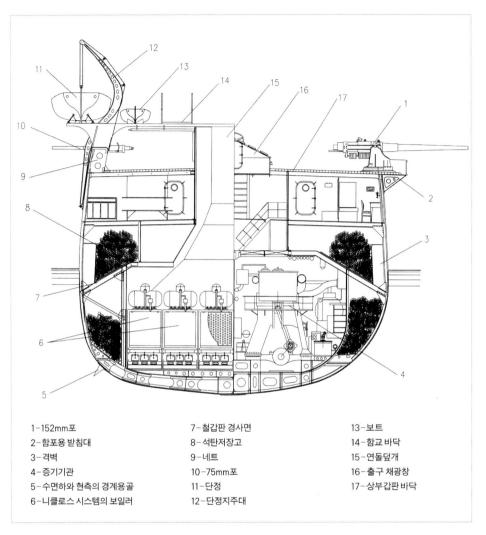

기관실과 엔진실 횡단면(그래픽 정리-V. I. 카타예프)

1-152mm포	7-철갑판 경사면	13-보트
2-함포용 받침대	8-석탄저장고	14-함교 바닥
3-격벽	9-네트	15-연돌덮개
4-증기기관	10-75mm포	16-출구 채광창
5-수면하와 현측의 경계용골	11-단정	17-상부갑판 바닥
6-니클로스 시스템의 보일러	12-단정지주대	

윗부분은 43도까지 상승했다.

'정지' 명령을 내린 후 전속전진에서 기관이 완전히 멈출 때까지 15초, '전진' 명령은 8초, 전속전진에서 전속후진으로 변할 때까지 25초가 걸렸다.

순양함《바략》에는 총 30대의 니클로스 수관식 보일러가 3개의 보일러실에 설치되었는데, 그중 보일러 10대는 함수에, 8대는 선체 중앙에, 12대는 함미에 배치되었다. 보일러 높이는 3m인데 그중 2m는 배수관이었다. 보일러마다 3개의 연소실이 있

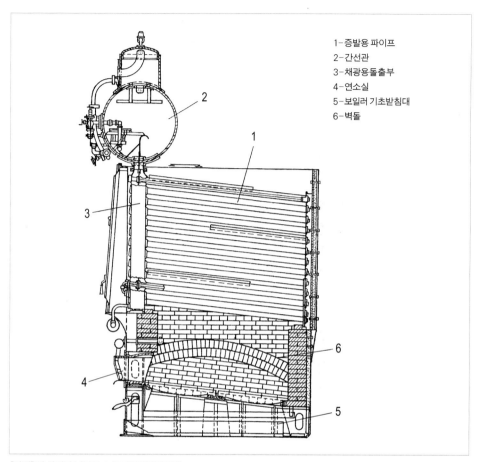

1-증발용 파이프
2-간선관
3-채광용돌출부
4-연소실
5-보일러 기초받침대
6-벽돌

《바략》에 설치된 니클로스 증기 보일러(우현)

었다. 모든 보일러는 4개 그룹으로 나뉘어졌고, 각 그룹마다 하나의 연돌과 연결되었다. 30대 보일러의 가열 표면적은 총 5,786m²였고, 석탄이 잘 타도록 움직이는 불판 면적은 총 146m²였다. 설계에 따르면 항해 시 보일러의 압력은 평균 18기압이었다 (시험상으로는 28.1기압). 그러나 12시간 동안 항해시운전을 하는 동안 보일러실의 기압은 17.5기압을 초과하지 못했으며, 보일러실의 온도도 상층부는 73도, 하층부는 50도에 달하였다. 급수펌프 10대가 보일러에 물을 공급했다. 보일러실 물의 양은 110톤이며, 바닥 사이 공간에 120톤을 추가로 저장했다. 보일러에서 나온 고압증기는 직경 381mm의 관을 통과해 기관에 공급되었다. 보일러실의 찌꺼기는 특수 통로를 지나 밖으로 배출되었다. 냉각기의 총 냉각면적은 1,120m²였다.

《바략》의 프로펠러
(사진-S. 코르사코프)

　석탄저장고가 보일러실과 붙어있었기 때문에, 보일러실에서는 특수 망홀을 통해 석탄저장고로부터 석탄을 공급받을 수 있었다. 석탄을 실은 수레는 레일을 따라 이동하며 연소실까지 석탄을 운반하였다.

　석탄저장고는 상부갑판에 설치된 직경 508m의 망홀 16개를 통해 석탄을 공급받았다.

함정 구조와 시스템

《바략》조종의 기본이 되었던 데비스 기계는 러시아 함대 중에서 가장 먼저 3종류의 장치(증기장치, 전기장치, 수동장치)를 모두 보유한 기계였다. 타의 날개는 세 부분으로 나뉘었으며 두께 9mm의 금속판으로 덧씌웠고, 금속판 안쪽의 빈 공간은 나무로 채웠다. 타의 면적은 12m²였다.

전투정보실이나 항해조종실에서 타를 조종했다. 만약 전투정보실과 항해조종실에 문제가 생길 경우 철갑판 아래 있는 조타실에서 조종했다.

순양함 《바략》은 이전에 건조된 군함과는 달리, 전기로 작동하는 장비가 대부분이었다. 이 때문에 《바략》의 에너지 소비는 400kw를 초과했다. 이 에너지를 감당하기 위해서는 엄청난 양의 연료가 요구되었다. 예를 들어 연간 연료소비량인 8,600톤 중 조명에 1,750톤, 담수장치에 540톤, 난방과 취사장에 415톤이 소비되었다.

발전기 3대가 에너지 공급의 원천이었다. 발전기 2대는 함수와 함미에 배치되었고 출력은 각각 132kw에 달했으며, 발전기 1대는 거주갑판에 설치되었고 출력은 63kw였다. 이 3대의 발전기는 105볼트의 전압으로 전류를 생성했다. 그 외에도 발전기는 보트와 단정을 강하할 때 65볼트의 전압으로 2.6kw의 동력을 소비하였다. 조타실의 조타발전기는 평소 조명을 밝히는 데 자주 사용되었다. 이외에도 특수 격실에는 적층전지(積層電池)가 설치되어 있었는데, 이것은 주로 항해등(航海燈)의 비상전원, 전투경보, 그 외 용도로 사용되었다.

철갑판 아래에는 화재진압을 위해 직경 127mm의 소화관이 부설되었고, 소화관에는 직경 64mm의 살수장치가 설치되어 있었다. 살수장치는 화약고, 보일러실, 기관실로 연결되었다. 석탄저장고에는 소화경보장치가 설치되었고, 석탄저장고에 화재가 발생할 경우 증기로 화재를 진압했다.

배수시스템은 경보장치, 배수펌프와 구동장치(전동기)로 구성되었다. 이 시스템 덕분에 철갑판 아래 있는 모든 격실에 물이 유입되더라도 바로 배수할 수 있었다.

보일러실에서는 제2선저면에 설치된 원심펌프로 물을 퍼냈으며, 원심펌프는 전동기로 작동되었다. 전동기는 철갑판 아래 설치되었고 기다란 축으로된 펌프와 연결되었다. 펌프 한 대의 생산력은 시간당 600m²였으며, 펌프와 연결된 접합관의 직경은 254mm이었다. 냉동기용 순환 펌프 2대는 기관실의 물을 퍼냈다(냉동기용 순환펌프 한

대의 생산력은 시간당 1,014m²).

통풍시스템 덕분에 철갑판 아래에 위치한 모든 격실은 시간당 5회, 저장고는 시간당 12회 그리고 발전기실은 시간당 20회 공기를 순환했다.

개방된 항구에 머물 때는 어뢰공격을 방어하기 위해 현측 장대에 금속망을 설치하였다. 항해 중에 장대는 현 쪽으로 접었고, 금속망은 특수 선반에 보관하였다.

《바략》에 설치된 닻은 닻 호즈파이프 2개, 묘쇄창고 4개, 닻체인, 양묘기 2대, 닻줄감개, 권삭기, 닻을 정리하는 기중기로 구성되었다. 닻 한 개당 중량은 4.77톤이었다. 그중 2개의 닻은 우

《바략》의 함수 구조물(사진-I. 야코브레프)

현 특수받침대에 설치했는데, 닻구멍에 가까운 첫 번째 닻이 큰 닻이고, 두 번째 닻은 예비용 닻이었다. 세 번째 닻은 좌현에 설치되었고, 네 번째 닻은 전투조종실의 앞쪽에 고정되었다. 좌우현 닻에 길이 274m, 직경 54mm인 닻체인을 고정시켰다. 그 외에도 《바략》에는 길이가 183m인 예비용 닻을 두 개 설치했다. 함수갑판에 설치된 양묘기가 큰 닻을 인양하였다. 함수 양묘기의 구동장치는 증기로, 함미 양묘기의 구동장치는 전기로 작동되었다. 구동장치가 고장나서 정지할 경우에는 권삭기를 이용해 수동으로 작동했다. 항해 중에 권삭기는 함미 상부구조의 격벽과 함수갑판의 승강기 외벽에 두었다. 인양 후에 함수갑판에 설치된 기중기가 닻을 정리했다. 예비용 닻을 올리는데 함수갑판에 설치된 조립식 기중기를 사용했다. 항해 중에는 기중기는 항해조종실 지붕에 보관했다.

이 외에도 순양함 《바략》에는 스톱앵커 1개(1.18톤)와 거는 닻 3개(685kg, 571kg, 408kg)를 보유하고 있었다. 스톱앵커는 특수받침대에 설치된 75mm 포곽 뒤쪽, 좌현에 위치했다. 우현 1번 구명보트가 있는 곳에 거는 닻 한 개를 고정하였고, 나머지 닻들은 좌현에 배열하였다.

순양함《바략》에는 항해구조용 증기단정(길이 12.4m, 16인용과 14인용) 2척과, 12인용 구명정 2척, 6인용 구명보트 2척, 6인용 단정 2척 그리고 시험용 보트 2척이 있었는데, 모두 아연도금을 한 강철로 제작되었다. 6인용 구명보트는 첫 번째 연돌 앞 함수 갑판 현측에, 시험용 보트는 함수기둥에 배치되었다. 이 두 척의 단정을 제외한 나머지는 모두 함수기둥에 설치되었다.

순양함《바략》의 조종·통신·관측 기구들은 함수와 함미에 집중되었다(항해조종실과 전투정보실도 여기에 포함됨). 전투정보실은 설계상으로는 2.8×2.3m이지만 실제로는 4.2×3.5m로 확대하였으며, 152mm의 철갑으로 보호하였다. 전투정보실은 1.5m 높이의 기반 위에 설치되었으며, 지붕과 바닥나침의는 두께 6.4m의 황동판과 두께 31.8m의 철판으로 제작되었다. 지붕은 버섯모양으로 끝은 굽어졌으며, 철갑으로 된 전투정보실 입구는 개방되어 있었다. 탄약과 파편으로부터 전투정보실을 방어하기 위해 입구 맞은편에 철갑판으로 된 가로막이(두께 152mm)를 설치했다. 청동파이프가 전투정보실과 중앙 초소를 연결했다(청동파이프의 두께는 76mm). 함교는 전투정보실보다 더 높은 곳에 배치되었으며 탐조등과 함미신호등도 설치되었다. 황동도금과 동판으로 제작된 항해조종실은 함교 중앙에 위치했다. 항해조종실 벽에는 15개의 현창(舷窓)이 있었는데, 5개는 전면에, 4개는 측면에, 2개는 뒤쪽에, 4개는 문에 설치되었고, 모두 쌍미닫이창이었다. 함교는 전투정보실 지붕 위에 설치되었으며, 함수갑판에 설치된 13개의 기둥이 전투정보실 지붕을 지탱했다.

《바략》의 전투정보실과 항해조종실에서는 조종·통신·관측에 필요한 장비가 이중으로 설치되었다. 이중 타륜과 나침의를 제외한 모든 장비는 중앙초소에도 설치되었다.

《바략》에는 나침의가 모두 5개 있었는데, 그중 주요 나침의 2개는 각각 항해조종실 지붕과 함미 함교 특수 선반에 설치되었다. 나침의를 중심으로 반경 4.5m 구역에는 금속 설치가 금지되었다.

전화선, 송수신관 그리고 전령수가《바략》의 통신수단이었다. 전령수가 전통적인 통신수단이라면 전화는 당시 러시아 함대에서는 새로운 통신수단이었다.《바략》의 집무실 전체에 전화를 설치하였을 뿐 아니라 저장고·보일러실·기관실·함장실·선임장교실·기술부사관실·전투상황실·항해조종실·함포초소에도 설치하였다.

지휘부실, 전투초소, 전투상황실에는 전기경보장치(벨, 지시계, 화재진압 경보송신기 등)가 배치되었다. 순양함《바략》에는 비상벨 외에도 전통적 방식인 고수(북치는 사람)와

《바략》함장실(사진−N. L. Stebbins)

나팔수도 배치되었다(고수는 우현에서 포격 신호를 보냈고, 나팔수는 좌현에서 신호를 보냈다). 《바략》에는 다른 군함과 교신하는 신호수들이 다수 배치되었다. 신호수들은 수기, 기류, 동작, 타불레비치 등불과 기계신호기를 이용하여 다른 군함에게 정보를 전달했다(기계신호기는 부피가 크고 사용하기 불편하다는 이유로 1901년 여름에 철거되었다).

　《바략》에는 마스트 2개가 설치되었다. 2개의 마스트 가운데 돛대에 천체망원경을 설치하였는데, 필요 시에 특수설비를 사용해 마스트 내부에 천체망원경을 넣을 수도 있었다. 마스트 내부에 기중기를 설치하였는데, 기중기는 47mm포에 포탄을 제공했다.

　《바략》에는 직경 750mm의 반사경으로 된 탐조등 6개가 있었다. 탐조등은 마스트와 함교에 배치되었다.

전투구호소

《바략》에는 함수, 함미에 각각 2개씩 총 4개의 전투구호소가 있었다. 전투가 벌어
지면 함수에서는 우현에 위치한 의무실과 좌현에 위치한 약품보관소에서 부상병들
을 치료했다. 함미에서는 제4지휘실과 전투구호실에서 부상병 치료를 맡았다(전투구
호실은 철갑판 아래 설치됨).

1번과 2번 연돌 사이에 위치한 2개의 승강구를 지나면 함수 전투구호소에 도달할
수 있었다. 평상시에는 2번과 4번 연돌 사이 위치한 승강구를 통과하고 제3지휘실을
지나면 전투구호소에 도착할 수 있었다. 그러나 전투 경보가 울리면 문이 폐쇄되기
때문에 이곳으로의 통행은 금지되었다.

제4지휘실에 임시로 설치된 전투구호소로 부상병을 후송하기 위해서는 장교실로
내려간 후 가파른 통로를 따라 철갑판까지 이동하고, 계속해서 좁은 복도를 따라 방
수격벽으로 된 문을 지나야 도착할 수 있었다.

부상병을 전투구호소로 후송하기 위해서는 장교실 사다리를 따라 내려간 후 사

《바략》의 함수갑판에서 포즈를 취하고 있는 수병들(사진 - M. 슈리쯔)

관실을 지나야 했다. 그 후 부상병을 도르래에 태워 어뢰저장고로 보내고, 좁은 문을 통과한 후에야 전투구호소에 도착할 수 있었다. 그러나 훈련 경보가 울리면 사관실에서 철갑판으로 통하는 사다리가 철거되었고 안전을 위해 승강구 덮개를 닫았기 때문에 전투구호소로 이동할 수 없었다. 이후 지휘관 지시에 따라 함수·함미 구호소가 다음과 같이 결정되었다.

1. 함수 - 의무실과 약국
2. 함미 - 구호소와 사관실

의료품은 네 곳에 배치된 특수 상자에 보관되었다. 모든 승조원들은 부상자 응급처치 방법에 대해 교육을 받았다. 부상병을 운반하는 수병들(14명)에게는 의약품이 들어있는 특수 가방을 제공하였다. 수술용구는 충분했으며, 국가에서 제공한 의료기구 외에도 군의관이 개인적으로 소유하고 있던 의료기구들도 사용했다.

승조원과 생활공간

순양함 《바랴》의 승조원은 장교 21명, 부사관 9명과 550명의 하급계급(수병)들로 구성되었다. 러시아로 군함이 출항하기 전 《바랴》에는 장교 19명, 신부 1명, 부사관 5명 그리고 하급계급(수병) 537명이 있었다. 1904년 1월 27일 제물포 해전 당시 《바랴》의 승조원 수는 558명이었는데, 그 구성은 다음과 같다: 장교 21명, 신부 1명, 부사관 4명, 하급계급 529명, 군무원 3명. 그 외에도 10

《바랴》의 사무실(사진-N. L. Stebbins)

75mm포가 설치된《바략》의 함장실(사진-N. L. Stebbins)

《바략》의 욕실(사진-N. L. Stebbins)

명이 더 있었는데, 이들은 《바략》을 따라 제물포로 떠나지 않고 여순항에 남았다.

승조원의 생활공간은 함수갑판 아래와 거주갑판과 함미 철갑판에 위치했다. 72번 늑골재와 함미 사이에 장교실과 지휘실이 있었다. 장교실은 한 명당 6m²를 사용할 수 있도록 만들어졌지만, 선임장교실, 기계기사실, 선임조타실은 10m²의 공간을 사

《바략》의 장교실(사진 - N. L. Stebbins)

용하도록 만들었다. 함미에 위치한 길이 12.5m의 방은 함장실로 사용되었다. 함장실 옆에는 사관실(면적 92m²)이 배치되었다. 거주용 갑판에는 의무실, 약국, 취사장, 욕실 (25m²) 그리고 함상 예배실이 있었다. 거주용 갑판에 있는 모든 문은(방수용 문 제외) 쌍미닫이 문이었다.

도색

《바략》의 시기별 도색 작업은 다음과 같다.

1) **미국에서 러시아로 떠나기 전, 1900년 9월~1901년 5월 러시아에서 복무하던 시기:** 선체 와 마스트 – 흰색, 연돌의 굴곡부 하단·통풍구(관과 나팔관) – 노란색, 연돌의 굴곡 부 상단·양쪽 마스트의 중간 돛대와 활대 – 검정색, 수면하 부분 – 녹색, 나팔관 내 부 상단 – 붉은색.

2) **1901년 8~9월까지 니콜라이 2세의 호송차 항해하던 시기:** 선체와 마스트 – 흰색, 연돌 굴곡부와 통풍구(관과 나팔관) – 노란색, 너비 1.5m의 연돌머리·양쪽 마스트 중간 돛대와 활대 – 검정색, 나팔관 내부 상단 – 붉은색, 수면하 부분 – 붉은색.

3) **극동으로 항해하던 시기, 1901년 8월~1903년 9월 여순에서 복무하던 시기:** 선체와 마스 트 – 흰색, 연돌 굴곡부 하단과 통풍구(관과 나팔관) – 노란색, 연돌 굴곡부 상단· 양쪽 마스트 중간 돛대와 활대 – 검정색, 나팔관 내부 상단 – 붉은색, 수면하 부분 – 붉은색.

4) **1903년 9월~제물포해전에서 침몰하기까지 기간:** 돛대 끝 고리로부터 흘수선까지 – 올리브색, 수면하 부분 – 붉은색.

5) **블라디보스톡에서 수리를 받고 홍콩으로 이동하기 전까지 기간(1916년 3~7월):** 돛대 끝 고리에서 흘수선까지 – 회색, 연돌머리 폭 1m – 검정색, 수면하 부분 – 붉은색.

6) **홍콩에서 그리녹까지 이동 기간(1916년 7~11월):** 돛대 끝 고리로부터 흘수선까지 – 회 색, 너비 1m의 연돌머리 – 검정색, 수면하 부분 – 붉은색.

7) **그리녹에서부터 《바략》을 영국에 빼앗긴 시기(1916년 11월~1917년 11월):** 돛대 끝 고리 로부터 흘수선까지 – 회색, 너비 1m의 연돌머리 – 검정색, 수면하 부분 – 붉은색.

설계평가

'극동의 필요를 위하여' 계획에 따라 건조된 순양함들은 비록 같은 기술로 건조되었으나, 외형뿐만 아니라 건조 유형에서도 확실히 차이가 났다. 다만 동일한 무기 구성만이 이 순양함들이 동일한 계획에 따라 건조되었다는 것을 알 수 있게 했다. 이와 관련하여 다음과 같은 몇 가지 의문점을 들 수 있다: '극동의 필요를 위하여' 계획에 따라 건조된 순양함들이 성공적으로 건조되었나? 이 순양함 중에 어떤 것이 가장 우수한가?

이 질문에 대한 답은 각 순양함의 전투 경험을 통해서 찾아야 하지만, 현실에서는 모든 상황이 애초 의도와는 달리 복잡하게 돌아갔다. 실제 러일전쟁 당시 각 순양함이 수행했던 임무와 '극동의 필요를 위하여' 계획 단계에서 각 순양함에게 기대했던 의도 간에는 큰 차이가 있었다. 이 같은 차이는 '극동의 필요를 위하여' 계획에 따라 건조된 일부 순양함들의 다음과 같은 행적을 통해 알 수 있다.

《보가티리》는 6,000톤급 철갑판 순양함 중에서 가장 완벽하게 건조되었지만, 전쟁 기간 동안 한 번도 출정하지 않았으며 심지어는 단 한 발도 포격하지 못했다. 《보가티리》는 수리가 지연된 채 계속 선거에만 머물러 있었다. 이 때문에 《바략》이 《보가티리》를 대신해서 러일전쟁의 서막을 연 제물포해전에 참가해 일본 연합 함대와 조우하게 된 것이다. 당시 일본 연합 함대에는 구형에서 신형에 이르기까지 '엘스위크(Elswik)형 순양함'의 거의 전 세대를 대표하는 군함들이 포진해 있었다. 《바략》은 제물포해전에서 이 군함들과 조우해야만 했고, 결국 비극적 최후를 맞이하게 되었다. '극동의 필요를 위하여' 계획을 대표하는 세 번째 군함으로 《아스콜드》를 들 수 있다. 《아스콜드》는 태평양 함대의 작전에 가장 적극적으로 참가했다. 그러나 《아스콜드》가 수행한 작전 횟수조차도 전쟁 발발 전에 예상했던 것보다는 훨씬 적었다. 그래도 《아스콜드》는 탁월한 가능성을 보여주었으며, '극동의 필요를 위하여' 계획에 따라 건조된 군함들 중에서 유일하게 전쟁에서 살아남는 데 성공했다.

6,000톤 순양함을 언급하면서 1895년 계획에 따라 건조된 군함들을 언급하지 않을 수 없다. 1895년 계획에 따라 건조된 바로 이 군함들은(대표적인 예: 《디아나》) 1898년 군함건조계획에 따라 제작된 첫 번째 순양함의 모델이 되었다. 그러나 1895년형 군함들은 러일전쟁 발발 이전에 이미 구식이 되었다. 건조된 지 10년도 안 된 군함

들이 구식이 되었다는 사실은 20세기 초 러시아 공업발달 수준이 상당했음을 증명해준다. 1895년 계획에 따라 러시아에서 건조된 《디아나》,《빨라다》와《아브로라》는 기계 성능은 뛰어났지만, 그 외 모든 면에서 외국에서 건조된 철갑판 순양함에 비해 뒤떨어졌다.

이 같은 배경 속에서 《바략》과《아스콜드》는 새로운 형태의 군함모델이 되었으며, 설계·구도면에서 이전 군함들과 확실히 차이가 났다. 특히《바략》은 신중하고

장교에 준하는 전문가들을 위한 숙소(사진-N. L. Stebbins)

세밀하게 설계되었다. 함포를 배치할 때도 현측에 설치된 저장고와 거리를 두기 위해 함수·함미 끝에 배치하였다.《바략》의 항해력은 뛰어났으며, 선체에 보트와 단정도 탑재했다. 기관실과 보일러실도 넓었고, 특히 기관실·보일러실 설비와 통풍시스템은 평가에서 가장 높은 점수를 받았다.

그러나《아스콜드》는《바략》에 미치지 못했다.《아스콜드》의 건축가들은 계약상에 명시된 속력에 도달하지 못할 것을 우려하여《아스콜드》의 최종안에서는 너비 대비 길이를 8.7로 늘렸다[3]《바략》의 경우 너비 대비 길이가 8.1). 선체는 길고 탄력 있는 들보로 조립되었으나, 들보 아랫부분의 내구성이 떨어져 때때로 선체 일부가 붕괴되기도 했

---

3) 선체 길이 대비 너비 폭이 좁을수록 속력이 높아지기 때문에 너비 대비 길이를 늘렸다(각주-번역자).

다. 선체가 약해서 항해 중에 진동이 심했는데, 특히 후갑판이 더 심하게 흔들렸다. 이러한 이유로 과잉적재를 피하기 위해 함수갑판과 항해조종실을 없앴다. 그러나 구조 변경으로 인해 폭풍우가 심하게 몰아치면 항해하기가 힘들었다(후에 《아스콜드》 함장이 함수갑판과 항해조종실을 다시 설치해달라고 강력히 요구해서 항해시운전을 거친 후 다시 설치되었다). 《아스콜드》는 선체 자체가 협소했기 때문에 생활공간과 탄약저장고도 좁았다.

《아스콜드》와 《바랴》은 최고 속력으로 항해시운전을 할 때 모두 우수한 결과를 보여주었다. 1900년 7월 12일에 《바랴》은 24.59노트를 기록했고, 《아스콜드》도 1901년 9월 6일에 23.39노트에 달했다. 12시간 연속 항해하는 동안 《바랴》은 19,602마력으로 평균 23.18노트의 속력을 기록했다. 《아스콜드》는 1901년 9월 15일과 17일에 6시간 동안 항해하면서 각각 23.98노트(21,100마력)와 24.01노트(20,885마력)에 도달했다. 때로는 항해속도측정기의 고장 때문에 속력를 측정하지 못한 경우도 있었고, 항해시운전 결과표와 다른 엉뚱한 시운전 결과를 기록하는 일도 더러 있었다.

《바랴》이 경제 속력인 10노트로 24시간 동안 항해시운전을 했다는 것은 흥미로운 사실이다. 그렇게 하루가 경과했을 때 순양함은 240마일을 항해했고, 석탄은 52.8톤을 소비했다. 즉 1마일당 220kg의 석탄을 소모한 것이다. 이 기록을 근거로 이론상으로 단순하게 계산하면, 《바랴》은 석탄 720톤으로 3,270마일을 항해할 수 있고, 최대 석탄저장량인 1,350톤으로는 6,136마일까지 항해할 수 있었다.

그러나 실제 항해거리는 항해시운전 결과와는 달랐다. 《바랴》이 최장거리로 항해했을 때(4,288마일), 10노트로 하루에 68톤의 석탄을 소비하였다. 한편, 《아스콜드》는 4,760마일을 항해하였을 때, 11노트로 하루에 석탄 61톤을 소모하였다.

《아스콜드》의 장점 중 하나는 뛰어난 동력장치를 보유하고 있다는 것이다. 이 장점 하나가 《아스콜드》의 모든 단점들을 보안해 주었다. 그러나 《바랴》의 동력장치는 부실했다. 《바랴》이 제물포해전에 참전하기 전, 여순항에 정박하는 동안 대부분의 시간을 수리하는 데 보냈다. 이렇게 고장이 잦았던 원인은 기관을 느슨하게 조립한 것과 전혀 신뢰가 가지 않는 니클로스 보일러를 설치했기 때문이었다. 니클로스 보일러는 기발한 아이디어로 제작된 것이지만, 실제로 사용했을 때 이 아이디어는 아무짝에도 쓸모없었다.

외관상으로는 《아스콜드》의 대구경 함포 배치가 《바랴》보다 더 잘된 것처럼 보였다. 《아스콜드》는 현측에서 일제사격을 할 때 6인치 포 7문을 사용할 수 있었으나, 《바략》은 6문밖에 사용할 수 없었기 때문이다. 그 대신 《바략》은 함수·함미에서 각각 함포 4문씩 사용할 수 있었다. 그러나 《아스콜드》는 함수·함미에서 함포 1문밖에 사용할 수 없었다. 만약 나머지 포들을 사용하면 상부구조를 파손할 위험이 있었기 때문에 각도를 30도로 제한했다.

《바략》과 《아스콜드》의 가장 큰 문제점은 배수량 6,000톤의 순양함으로 만들었다는 것이다. 당시 일본은 전쟁을 준비하면서 비용이 훨씬 저렴한 3,000톤 군함을 만들었고, 절감된 비용을 203mm포가 장착된 철갑순양함 건조에 투자했다. 반면 러시아는 '구축함'에 계속 돈을 낭비했다. 그 결과 러시아 함대에는 웅장하고 화려한 군함들로 가득찼지만, 안타깝게도 실제로는 아무 도움이 안 되는 것이었다. 전설의 순양함 《바략》도 이러한 부류에 속했다.

1급 순양함 《바략》의 전술-기술적 제원

측정치, M(미터):	
최대 길이	129.56
만재흘수 길이	127.8
폭(선체의 외판을 제외하고)	15.9
중앙 흘수선	5.94
함수 흘수선	5.87
함미 흘수선	6.02
설계상의 배수량, T(톤):	6500
안정중심 높이, M(미터):	
배수량 6,400톤 일 때	0.68
배수량 7,100톤 일 때	0.61
연료 저장량, T(톤):	
평균저장량	720
최대저장량	1350
10노트 항해 거리, 마일:	
최대 석탄량을 사용 시	6100
평균 석탄량을 사용 시	3270
최고 속력, Kts(노트):	
1900년 7월 13일 항해시운전 시	24.59
1900년 9월 21일 12시간 항해시운전 시	23.2
1903년 10월 16일 아르투르 항구에서 수리 이후	20.5
1916년 5월 15일 블라디보스톡 항구에서 수리 이후	16

전쟁 이전의 군 복무

대서양 횡단 직후 크론슈타트 정박장에 정박한 순양함《바랴》(사진-I. 야코블레프)

필라델피아에서 크론슈타트까지

러시아에서 온 승조원들은 1900년 12월 6일에 순양함《바랴》에 승함하면서 복무를 시작하였고, 다음 해 초에 완전히 공장을 떠났다. 1901년 1월 2일, 필라델피아의 정박지에 머물던《바랴》은 큰 돛대에 장두기(檣頭旗)를 올려 공식적으로 활동을 시작했다. 델라웨어만에서 항해시운전을 한 후에 석탄을 가득 채우고, 3월 10일에 로렌스강 하구에서 출발해 루이스로 향했다. 3월 16일에 순양함《바랴》은 뉴욕으로 가서 군수품을 보충한 후, 3월 25일에 완전히 미국을 떠났다.

미국에서 실은 석탄 상태가 불량하여 4월 2일에 아소르스 제도에서 정박해야만 했다. 그곳에서 닷새 동안 석탄을 배에 싣고 기계를 수리했다. 4월 14일에《바랴》은 셰르부르 입구에서 훈련 항해 중이던 순양함《게르초그 에딘부르스키》와 교차하며 대함경례를 하였다. 그 후 발트로 향하였고, 4월 말에는 레발[1]에 도착했다. 레발 항만기지 사령관이 순양함《바랴》을 방문하여 지휘관 순시와 인원점검을 하였다. 5월 2일에《바랴》은 크론슈타트를 향해 출발했다.

---

1) 현재 에스토니아의 수도 탈린

델라웨어에서 러시아로 떠나기 직전의《바략》(1901년)

대서양, 북해 그리고 발트해를 항해하는 데 두 달 이상이 걸렸다. 5,083마일을 항해한 끝에, 순양함《바략》은 1901년 5월 3일 오전 9시에 크론슈타트의 大정박지에 정박했다.《바략》이 도착하자 크론슈타트 항만기지 총사령관인 S. O. 마카로프 중장이《바략》을 방문했다. 5월 6일 정오에 순양함《바략》에서는 러시아 황제의 탄신을 기념하여 중간 돛대에 깃발을 올리고 예포를 발포했다. 저녁 10시에는 크람프 공장에서 특별히 제작했던 장식등을 환하게 밝혔다. 각양각색의 전구들로 이니셜 'H. A.', 왕관, 군함 이름과 알렉세옙스키 깃발 등 여러 가지 모양을 만들었다. 1,000개도 넘는 백열전구로 이루어낸 작품이었다. 사

니콜라이 2세

1급 순양함《바략》의 장교들(1901년)

선거(船渠)에서 나온 후의《바략》(1901년 5월 28일, 사진-N. 아뽈스토리)

흘 후에 대장 알렉세이 알렉산드로비치 대공이《스트렐라》요트를 타고 순양함《바략》을 방문했다.

2주 후인 5월 18일에 니콜라이 2세가 순양함을 방문하였다. 황제는 군함을 살펴본 후 군함 전반의 상태가 양호한 것에 대해 승조원들에게 고마움을 표했다.

5월 24일에 순양함은 항구로 가서 새로운 지역(극동)으로 이동할 준비를 하였다.

크론슈타트에서 황제의 승함을 기다리는《바략》(1901년 5월 18일, 사진-N. 아뽀스톨리)

《바략》의 함측에 연결된 부속품을 검열하고 수면하 선체를 도색하고자 콘스탄티노 프 선거로 들어갔다. 1900년에 제작된 '포폴-듀크레테'형 무선기를《바략》에 설치했 는데, 무선기의 도달거리는 10마일이었다. 이 무선기를 설치하게 되면서 기계전신을 사용하지 않아도 되었다. 기계전신은 6월 6일 이후에 철거했다.

　6월이 되어서, 제2선저면을 살펴보다가 늑골재 30~37번, 43~49번, 55~56번에서 선 저면이 파손된 것을 발견하였다. 1.5mm에서 19mm까지 움푹 들어가 있었다. 이 때문 에 순양함《바략》은 6월 10일~7월 1일까지 선거에서 수리를 받았다. 선저 외판(外板) 간의 접합 부분에 물이 새서 주조한 것과 도색을 제거하였다. 선거에서 나온 후,《바

《바략》은 러시아 황실 함대중 가장 아름다운 군함으로 알려졌었다(1901년 6월경).

마리아 표도로브나 황태후

략》에 예비탄약과 여러 종류의 물자를 실었다. 7월 15일에 순양함은 항구를 떠나 크론슈타트 大정박지에 정박했다.

7월 22일에는 마리아 표도로브나 황태후[2]의 날을 맞이하여, 오전 8시에 형형색색의 깃발로 군함들을 장식하였고, 오전 10시에는 예배와 감사기도를 드렸다. 정오에는 31발의 예포소리가 울려 퍼졌다. 7월 27일에는 간구트 전투[3]를 기념하기 위한 일제사격의 축포소리가 울려 퍼졌다. 이틀 후인 일요일에는 페테르부르크에서 기선 《크론슈타트》와 《코트린》을 타고 약 500여 명의 방문객들이 찾아왔다. 수병들의 말에 따르면, 방문객들이 너무 많아서 갑판을 지나갈 수조차 없었다고 한다. 방문객들은 오후 4시까지 배 안을 구경하였다. 7월 30일에는 자선단체 여자생도 300명이 《코트린》을 타고 《바략》을 견학하기 위해 방문했다. 가이드를 자청한 교육받은 수병들과

---

2) 마리아 표도로브나(1847~1928)는 덴마크의 공주이며, 알렉산드르 3세의 아내로 러시아의 마지막 황태후였다(각주-번역자).

3) 1714년 7월 27일(러시아력, 양력 8월 7일)에 핀란드 한코(러시아어로는 '간구트') 반도 북쪽 Riilahti만에서 일어난 러시아와 스웨덴 간의 해전. 이 전투에서 러시아 해군이 승리함(각주-번역자).

1급 순양함《바략》

장교들이 이 아가씨들을 즐겁게 맞아주었다.

3일 후에 정박지에서는 또 다시 일제사격의 예포소리가 울려 퍼졌다. 이번에는 황제가 지켜보는 가운데 군함들이 항해했다. 검열의식이 끝난 후에 황제는 승조원들에게 다음과 같이 말하였다: "형제들이여! 조만간 그대들은 러시아를 떠나 태평양으로 향할 것이오. 오직 한 분, 하나님만이 당신들에게 무슨 일이 일어날지 알고 계실 것이오."

극동으로 출항하기 전, 해군사령부는《바략》함장 V. I. 베르에게 다음과 같은 지령을 내렸다: "당신이 지휘하는 순양함은 최신 기계들이 설비되어 있다 … 실제 항해과정에서 나타나는 결과에 따라, 앞으로 이 기계들을 어떻게 사용할지 결정할 것이다" 그리고《바략》에게 경제 속력을 유지하며 익숙한 항로로 갈 것을 권고했다. 또한 예외적인 경우에만 최고 속력으로 항해하되, 반년에 한 번 6시간 동안은 최고 속력으로 항해하라고 권고하였다.

대양을 지나며

1901년 8월 5일 일요일 12시부터는 멀리 항해를 떠나는 장교들과 수병들을 환송하러 친지들이 순양함《바략》을 방문하였다. 17시 이후에 순양함《바략》은 정박장을 떠나 출항했다. 그러나 마치 좌측 기관의 고압실린더 피스톤 밸브 연결간(杆)이 고장난 것처럼 《바략》은 톨부힌 등대 측면에서 빠져나오지 못하였다. 그래서 우측 기관으로만 항해를 계속했다. 연결간을 교체하는 작업은 8월 7일까지 계속되었다. 그러나 좌측 기관에 시동을 걸자, 연결간이 다시 휘어졌다. 후에 기계 작동으로 인해 생긴 중앙연결간 너트의 미세한 반동이 고장 원인인 것으로 밝혀졌다.

8월 8일 오전 3시에 전투 경보가 울렸다. 군함은 짧은 시간 안에 전투준비를 했다. 한밤 중에 코펜하겐까지 도달하였다. 함장은 어둠 속에서 항구로 진입할지를 결정하지 못하다가, 항구에서 40마일 떨어진 곳에 멈추라고 명령을 내렸다. 다음 날 오전 11시에 덴마크 수도인 코펜하겐 정박지에 닻을 내렸다. 당시 코펜하겐의 '부르메이스테르 아트 바인' 공장에서는 2급 순양함 《보야린》을 건조하는 중이었다. 이곳에서 《바략》의 기관 중에 고장난 것을 새로운 부품들로 교체해 달라고 요청했다. 8월 14일 점심까지 수리가 완료되었다. 기관을 시운전했는데 작동상태는 양호했다.

덴마크 주재 러시아 공사인 벤켄도르프 백작이 사흘 일찍 《바략》을 방문하였다. 벤켄도르프 공사의 제안으로 《바략》은 '궁중의식'을 따르기 위해 출항일을 연기하고 정박지에 남았다. 8월 16일에 마리아 표도로브나 황태후가 《짜레브나》 요트를 타고 정박지에 도착하였다. V. I. 베르가 이끄는 장교 그룹은 귀빈과 그 수행원들 환영행사

코펜하겐 정박지의 《바략》(사진-Marius Bar)

《슈탄다르트》를 경호하러 떠나기 전에《바럐》의 연돌을 다른 색으로 도색했다 (사진-I. 야코브레프).

에 참석했다.

8월 18일에는《바럐》을 극동까지 따라올 예정인 기뢰수송정《에니세이》와《아무르》가《바럐》옆에 정박했다. 이어 8월 19일에는 철갑선《황제 알렉산드르 2세》가 정박지에 도착했다. 정오에 예포소리가 울려 퍼지는 가운데 니콜라이 2세를 태운 요트《슈탄다르트》가 순양함《스베트라나》와 함께 정박지로 입항하였다. 얼마 후 요트《북극성》이 도착했다.

8월 21~22일까지《바럐》에 석탄을 실었다. 황제요트인《슈탄다르트》에서 보낸 신호에 따라 8월 28일에 순양함은《슈탄다르트》를 배웅하기 위해 그 뒤를 따라 바다로 나갔다. 다음 날《바럐》은《호엔촐레른》과 조우했다.《호엔촐레른》은 독일 분함대와《스베트라나》의 호위를 받고 있었다. 8월 30일에는 러시아와 독일 황제가 지켜보는 가운데 독일 함대의 대규모 훈련이 진행되었다.

8월 31일에 러시아와 독일 황제가 수행원들을 이끌고《바럐》을 방문했다. 베르 대령의 말에 따르면, 이 귀빈들은 순양함의 "모든 선실을 자세히 보고 싶어했고,《바럐》과 그 승조원들의 늠름한 모습에 만족스러워했다." 그래서 독일 황제는《바럐》의 승조원들에게 메달을 수여했다.

오후 5시에 모든 분함대는 '킬'로 출항하려 했다. 그런데《바럐》에서 닻을 올리는 동안 축회전 기관의 웜과 구형 기관들이 제때 분리되지 않아 웜이 파손되는 사건이

독일 킬 운하에 있는 《바랴》(1901년 9월 1일, 사진-Natter, Hamburg)

일어났다. 이 일로 인해 황실의 노여움을 사게 된 《바랴》은 황실의 귀빈들이 《스베트라나》 1척의 호위를 받으며 출항하는 것을 지켜보면서도, 수리하는 3시간 동안 그 자리에 정박해 있을 수밖에 없었다. 이 같은 비상 상태에서 《바랴》은 재빨리 수리를 마치고 22노트까지 속력을 내며 《슈탄다르트》를 따라가려 했지만 성공하지 못했다. 9월 1일에 킬에 도착한 《바랴》은 두 시간 전에 이미 도착해 정박해 있던 《슈탄다르트》와 《스베트라나》와 조우하였다.

그 후 함미 3번 발전기의 스크류가 고장났는데, 3mm 차이가 나는 비동축 스크류가 고장의 원인인 것으로 밝혀졌다. 미국에서 《바랴》을 건조할 때, 단련(鍛鍊)된 스크류를 설치했어야 하는데, 주조(鑄造)된 스크류를 설치하는 바람에 스크류가 지탱하지 못했던 것이다. 모든 불행한 사건이 지나간 후인 9월 2일 오후 2시에 《바랴》이 킬 운하로 들어갔다. 다리 아래를 지나기 위해 미리 중간 돛대를 내렸다. 운하를 지나는 데 10시간이 걸렸고, 순양함에서는 음악이 연주되었다. 해변에 있던 지역 주민들은 러시아 승조원들을 따뜻하게 환영해주었다.

다음 날 《바랴》은 브룬스뷔텔에 정박한 후, 《슈탄다르트》와 《스베틀라나》가 도착

툴롱으로 향하는《바랴》(사진-Marius Bar)

하기를 기다렸다. 9월 3일 오후 4시에《슈탄다르트》와《스베틀라나》가 도착했다. 선단의 선두에 황제요트인《슈탄다르트》가 위치하고, 그 우측에는《스베틀라나》가, 좌측에는《바랴》이 위치했다. 프랑스 대통령 A. 루베의 깃발을 달고 항해하던 프랑스 순양함《카시니》와 바다에서 조우하였다.

9월 5일 오전 8시에 부대는 됭케르크에 입항했다. 프랑스 함대가 101발의 예포를 발포하며 러시아 황제를 환영하였다. 프랑스 대통령이《슈탄다르트》로 건너와 니콜라이 2세와 함께 프랑스 분함대를 돌아보았다. 이때 프랑스 분함대에서 다시 한 번 예포를 쏘았고《바랴》에서도 답례포를 쏘았다. 오후 3시에는 러시아 황제와 프랑스 대통령이 파리로 출발했다.

드디어 '궁중의식'을 끝마친《바랴》은 1901년 9월 12일에 셰르부르를 향해 출항하였고 다음 날 오전 9시에 그곳에 도착했다. 9월 15일에는 정박장에서 단정훈련을 했다. 단정훈련 중에 기계병의 실수로 증기구명정이《바랴》함미에 부딪쳤으나 방현대[4]

---

4) 함측에 장치한 완충물(각주-번역자)

알제리에서의《바략》(1901년 9월 27일, 사진 - J. Geiser)

덕분에 충격이 덜했다.

9월 16일에 스페인의 카디스로 출발하였다. 카디스로 가는 도중인 9월 18일 저녁에 소화훈련을 실시했는데, 소화요원들은 성공적으로 임무를 수행했다. 9월 20일 오후 3시에 순양함《바략》은 카디스에 도착했다.

《바략》은 5일 동안 항구에 정박해 있다가 알제리를 향해 출발하였고, 9월 27일에 도착하였다. 알제리로 향하면서 순양함《바략》은 15~20노트로 항해했다. 순양함이 항구에 정박하자 승조원들은 중압실린더와 저압실린더를 검열했다. 9월 28~29일에는 석탄을 실었다.

10월 9일에 순양함《바략》은 팔레르모로 떠났다. 이동하는 동안 21노트를 유지하였고, 기관은 아무 문제없이 순조롭게 작동했다. 다음 날 아침에《바략》은 팔레르모에 도착하였고, 그곳에서 4일을 머문 후 크레타섬의 수다항으로 출발했다.

가는 도중에 기압계가 떨어지기 시작했다. 순양함《바략》은 메시나 해협에서 거센 폭풍우를 만났으나, 고비를 잘 넘겼다. 함장은 "배가 흔들리기는 했으나, 파도가 갑판을 덮치지는 않았다"고 했다.

10월 19일에《바략》은 수다항 정박지에 정박했다. 전투계획에 따라 점심식사 후에 함포·어뢰발사관·개인화기를 발포하였다. 다음 날 훈련이 재개되었으나 점심 이후에 돌연 중단되었고, 순양함《바략》은 최고 속력인 23노트로 피레아스를 향해 출항해야했다. 해군사령관에서 비밀 전보를 보내 훈련을 즉시 중단하고 살라미스만에 정박 중인 A. X. 크리게르의 부대로 합류하라는 명령을 내렸기 때문이다.

10월 23일에 순양함은 그리스에 도착하였다.《바략》은 그리스 피레아스 주재 러시아 공사관을 통해 페르시아만으로 출항하라는 지시를 받은 후, 서둘러 필요한 물자들을 채우고 11월 5일에 항구를 떠났다. 그러나 포트사이드로 가는 도중에 보일러 10대에 염분이 묻어서 작동이 멈추었다. 얼마 후에 또 다른 보일러 파이프 3개가 새서 작동이 중단되었다. 11월 8일, 항구에 정박한 다음《바략》은 보일러에서 염분을 모두 제거하기 시작하였다. 냉각파이프가 완전히 밀폐되지 않았거나, 아니면 피아레스에서 가져온 물이 원래 염분기가 있는 물이거나 둘 중에 하나가 원인이었다(사실 보일러에 사용할 물은 싣기 전에 이미《바략》함장이 확인했었다). 냉각기를 살펴보았으나 표면상으로는 아무런 원인도 밝혀내지 못했다. 그래서 보일러에 있는 물을 모두 버리고 파이프를 청소한 후에, 물탱크를 깨끗이 닦아내고 새로운 물을 담았다.

그리스를 떠나고 있는《바략》1

그리스를 떠나고 있는 《바략》 2

　1901년 11월 10일에 수에즈 운하에 진입했으나 한 시간도 안 되어 좌측 기관의 고온탱크에서 다시 염분이 발견되었다. 냉각기가 바로 고장났고, 보일러는 저장탱크에서 직접 물을 공급받았다. 수에즈에서 냉각기를 자세히 확인한 결과, 400여 개의 파이프가 완전히 밀폐되지 않았다는 사실이 밝혀졌다. 그래서 이 냉각기에서 물을 공급받은 10개의 보일러를 분해해야만 했다. 나머지 보일러 또한 분해작업에 들어갔다.

　그 외에도 다음과 같은 일련의 사건들로 인해 홍해에서 순양함 《바략》의 보일러는 완전히 고장났다: 11월 13일에 파이프 두 개가 파열되어 보일러장 다섯 명이 화상을 입었다. 그 다음 날에는 또 다른 파이프 두 개가, 그리고 11월 17일에는 또 다른 파이프 한 개가 파열되었다.

　11월 18일에 《바략》은 아덴에 도착했다. 아덴에서 폭염이 계속되었으나 《바략》의 승조원들은 2주 동안 최대 저장량인 1,600톤의 석탄을 실어야 했다. 그 밖에도 순양함에 450톤의 물을 실어 배수량이 8,000톤을 넘었다. 11월 22일 자정에 《바략》은 페르시아만에 진입했다.

　탐조등 불빛에 의지한 《바략》은 11월 27일 밤 늦게 오만의 수도인 무스카트에 도착

수에즈 운하 근처에 정박하고 있는《바략》

했다. 28일 오전에《바략》이 예포를 쏘자, 해변에서는 러시아 깃발을 게양하고 답례포를 쏘았다. 오만의 술탄이《바략》에 승함하여《바략》의 수병들과 장교들을 궁전으로 초대했다. 러시아 승조원들이 궁전을 방문한 다음 날, 술탄이 직접 선물을 가지고《바략》을 방문했다. 무스카트에서의 임무를 수행한 다음,《바략》은 이란의 부시르를 향해 떠났고 12월 3일에 그곳에 도착하였다.

부시르에서는 러시아 공사인 G. V. 옵세옌코가《바략》을 방문하였다. 이 지역 총독은《바략》의 승조원들에게 양과 야채 등을 선물했다. 옵세옌코는 순양함《바략》을 타고 자기 관할하에 있는 모든 지역을 살펴보았다. 12월 7일 밤 1시에《바략》이 출항하였다.

다음 날 쿠웨이트에 도착하였고, 러시아 공사는《바략》의 장교들과 함께 아라비아

열대지방에서 더위에 익숙한 현지인들을 고용해 석탄을 싣고 있다 (사진-V. 안드레예프).

족장을 방문했다. 당시 그는 다른 부족의 공격에 대비하고 있었다. 러시아 장교들의 방문에 대한 답방으로 아라비아 족장의 아들이 《바략》을 찾아왔다. 그는 승조원들에게 양 10마리와 닭, 야채 등을 선물했다.

순양함 《바략》이 12월 13일 아침에 린그에 도착하자 지역 주민들이 러시아 승조원들을 열렬히 환영해 주었다. 그러나 반다르 압바스에서는 아무도 환영해주지 않았다. 후에 반다르 압바스 주민들이 여름 동안 시원한 정글로 이주해 있었다는 것을 알게 되었다.

《바략》의 기관에 문제가 생겨서 출항을 연기해야만 했다. 기관실에서 문제를 빨리 해결한 덕분에 12월 18일 아침에 보일러가 작동했다. 《바략》은 반다르 압바스를 떠나 파키스탄의 카라치로 향하였다. 10노트로 항해해서 12월 21일 오후에 카라치에 도착했다.

후갑판에서 아라비아 족장의 아들과 포즈를 취하고 있는《바략》의 장교들(사진-V. 안드레예프)

《바략》은 12월 25일에 스리랑카로 출항했다. 항해 중에 순양함에서는 크리스마스를 기념하기 위해 트리를 만들었고 승조원들은 서로 선물을 교환했다. 크리스마스가 지난 후, 승조원들은 가상표적에 사격할 준비를 하였다.《바략》은 1901년의 마지막 날에 콜롬보에 도착하였고 1월 2일에 항구로 진입하여 이곳에서 2주간 정박했다. 2주 동안 우측 기관을 수리하고 보일러 파이프와 냉각기를 청소하였으며, 1월 11일에는 하루 종일 석탄을 배에 실었다.

《바략》은 1902년 1월 15일에 어뢰수송선《아무르》와 함께 출항했다. 출항한 지 얼마되지 않아 두 군함 간의 거리가 벌어졌다.《바략》은 속력을 22노트로 올리며 싱가포르로 향하였다. 그러나 그날 저녁에《바략》의 고압실린더 편심륜(偏心輪)[5] 베어링이 과열되어서 속력을 10노트까지 낮추고 항구에 도착할 때까지 저속으로 항해해야만 했다. 1월 22일에《바략》은 항구에 도착했다. 그날 저녁에《아무르》는 항구에 정

---

5) 주축 주위를 편심 운동함으로써 왕복운동과 회전운동을 상호변환하는 장치

박하지 않고《바랴》을 지나쳐 여순을 향해 계속 항해하였다.

《바랴》은 1월 26일 아침에 남중국해로 떠났다. 그러나 1월 28일에는 갑판이 물에 잠길 만큼 거센 폭풍우를 만났다. 이 폭풍우는 2월 2일까지 계속되었다.

8일 후에《바랴》은 홍콩에 도착하였고, 이곳 정박지에서 실습함《라즈보이닉》과 조우하였다. 이곳에서 다시 한 번 기계와 보일러를 점검해야 했다. 크론슈타트에서 홍콩까지 오는 동안 교체한 파이프 수는 1,500개 이상이었다.《바랴》은 기관을 수리한 후에 석탄을 싣고 출항했다. 2월 13일에 나가사키에 도착했을 때, 항구에는 이미 K. P. 쿠즈미츠 준장이 지휘하는 러시아 함대가 정박해 있었다. 2월 18일에《바랴》을 검열할 예정이라고 승조원들에게 알렸다.

2월 22일에는 쿠즈미츠 준장이《그로모보이》깃발을 들고《바랴》으로 건너왔다. 저녁 7시에 군함들이 출항하였는데,《그로모보이》는 블라디보스톡으로 떠났고,《바랴》은 여순으로 향했다. 이동 중에 쿠즈미츠는 함대의 새로운 정찰함에 대해서 자세히 언급했다. 2월 23일에《바랴》은 최대 속력으로 시운전하라는 임무를 받았다.《바랴》은 보일러 전체를 작동시켜 최대 속력 22노트로 두 시간 이상을 항해하였다. 그러나 정오부터 우측 기관에서 삐걱거리는 소리가 나기 시작했다. 시운전을 중지하고, 우선 좌측 기관만 작동하며 항해하였다. 우측 기관이 과열되어 중압실린더와 베어링을 분해해 보았다. 그러나 삐걱거리는 원인을 밝혀내지는 못했다.

여순에서

여순에서 발간되는 러시아 신문인 『노븨이 크라이』에서는 1902년 3월 2일자 기사에서 여순에 도착한《바랴》을 '화려한 순양함'이라 표현하며 환영하였다. 기자들은《바랴》의 장점으로 무려 25노트를 기록했다는 점을 꼽았고,《바랴》이 여순으로 이동하는 동안 자신의 진면목을 전 세계에 증명해 보였다며 칭송했다. 여순에서는 모두들 '대서양 너머의 기적(《바랴》이 25노트로 항해했다는 소문-번역자)'에 대해 잘 알고 있었고, 군 통수부를 비롯한 전원이《바랴》의 가치를 직접 확인하고 싶어서 조바심을 내며 기다리고 있었다. 모두들《바랴》의 외관을 보고 놀라움을 감추지 못했다. 극동 총독인 E. I. 알렉세예프 대장은 순양함《바랴》이 항구에 도착한 즉시《바랴》을 방문한 후, 순양함의 화려한 외관에 만족스러워했으며, 승조원들을 격려하고 앞으로의

여순 내항에 정박 중인 태평양 함대(1902년, 사진−A. 디네스)

여순항에 정박 중인《바랴》

여순 내항에 정박 중인 태평양 함대(1902년, 사진-A. 디네스)

E. I. 알렉세예프 극동 총독

임무도 성공적으로 수행하기를 기원했다.

분함대 책임자인 N. I. 스크리드로프 중장은 여순에 도착한 순양함《바략》과 철갑선《뻬레스베트》를 다시 한 번 자세히 검열했다. 그는 "비록《바략》이 러시아 조선업에 긍정적인 영향을 미쳤으나, 전체적으로 볼 때 러시아에 비해 미국의 건조 기술이 우월하다고 볼 수는 없다"고 언급했다. 무엇보다도 러시아가 건조한 군함 기계장치는 보다 평범하고 믿을 만하기 때문에 (《뻬레스베트》가 여기에 해당) 고장나거나 정지하지 않고 오랫동안 사용할 수 있었다. 후에 스크리드로프는 "순양함《바략》기계는 설계가 잘 되었으나, 치밀하게 조립하지 않아서 … 동방에 도착했을 때 이미 어느 정도 헐거워져 흔들리고 있었기 때문에 지속적으로 검열할

Привѣтъ изъ Портъ-Артура

Русская Эскадра въ Портъ-Артурѣ.
Escadre russe au Port-Arthur

Изданіе Фот. Ф. И. Подзорова, Портъ-Артуръ. 12.

여순항 정박장의 러시아 분함대를 찍은 사진 엽서. 제일 왼쪽이《바략》

여순에 있는 러시아 분함대가 간구트 해전 기념 행사를 하고 있다(사진-C. 코르사코프).

여순에 있는 러시아 분함대가 간구트 해전 기념 행사를 하고 있다. 사진 앞쪽에 오색 깃발로 치장한 장갑함《세바스토폴》(기함)과 순양함《바략》이 보인다(사진-C. 코르사코프).

필요가 있다. 이 작업을 수행하는 데만 한 달 반이 걸린다. 기계의 고장으로 순양함의 속력을 아직 측정할 수 없다"고 주장했다.

스크리드로프 중장은《바략》함포의 문제점을 지적하며,《바략》같은 대형 군함의 함포는 방패가 아니라 철갑포곽과 포탑(砲塔)을 세워 함포를 더 제대로 방어했어야 했다고 주장했다. 그는《바략》의 어뢰에 대해서도 비난하였다. 흘수선 위쪽의 어뢰 발사관에 방어장치가 설치되지 않았기 때문에 적에게 위협적인 것이 아니라, 오히려《바략》자신에게 위험한 꼴이 되고 말았다며 비판했다. 만약 어뢰 발사관이 정확히 명중된다면 순양함《바략》의 승조원 전원이 가라앉을 수도 있기 때문이다. 당시 전투가 장거리 전임을 고려하면 대형 군함에서 어뢰발사관을 사용하는 것은 전혀 도움이 되지 않았다. 그러나 이 모든 비난은《바략》을 건조한 크람프 공장이 아닌,《바략》을 설계한 해양기술위원회의 전문가들이 감수해야 했다.

《바략》의 최고 속력에 대한 항해시운전은 한동안 실행되지 못했다.《바략》은 주요 베어링이 과열되고 기계가 삐걱거려서 20노트 이상의 속력을 내지 못하고 있었다. 이 때문에《바략》이 여순에 도착한지 사흘이 지난 2월 28일에《바략》수리에 관한 자세한 보고서를 작성했다. 수리작업은 60일로 예정됐고, 수리 대상은 다음과 같았다: 베어링 검열 및 수리, 피스톤 밸브·전동장치의 피스톤 밸브 검사, 피스톤과 실린더를 검열하고 그 작동상태를 검열, 파손된 냉각기 수리 등 그 외 시급한 작업.《바략》은 수리 때문에 3월 15일부터 6주 동안 무장예비대에서 제외되었다.

1902년 5월 1일에 《바략》은 장두기를 올리고 다시 함대로 편입했다. 순양함 《바략》은 즉시 전투실습 함대의 구성원으로서 임무를 수행하기 시작했다. 5월 29일에 《바략》은 분함대와 함께 포격훈련에 참가했다. 5월 말에는 여순 선거에 들어간 군함들을 제외한 전 분함대가 블라디보스톡으로 떠났다.

주요 전투 군함으로 여순에 남은 《바략》은 6월 7일부터 사흘 동안 각 군함의 전략적 특징을 파악하여 명부에 기록하는 일을 했다. 《바략》은 필요한 물자를 보충한 후, 6월 30일까지 엘리엇만에서 홀로 전투 실습을 계속했다. 6월 31일에 순양함 《바략》은 다시 무장예비대에서 제외되었고, 선거로 들어가 수리를 받았다. 이때 보일러의 파이프와 배수관을 대거 교체하고, 프랑스에 있는 니클로스 공장에 배수관과 파이프를 대량으로 주문했다.

9월 27일에 《바략》은 나침판의 편차를 조정하기 위해 출항했다. 분함대 통수부는 《바략》의 최대 속력 항해시운전을 10월 1일로 정했다. 이날 오전에 《바략》은 함대사령관인 N. I. 스크리드로프의 깃발을 올리고 출항했다. 10월 3일에 《바략》의 최대 속력 항해시운전을 실시했다. 스크류가 분당 146회 회전하는 30개의 보일러에서 증기를 내뿜으며 22.6노트까지 속력을 냈다.

얼마 후 분함대의 선박기술자들로 구성된 위원회에서는 순양함 《바략》을 '여순-제물포-여순'의 항로로 이동시키며 다양한 속력으로 항해시운전을 하기로 결정하였다. 10월 15일에 《바략》은 장시간 10노트로 항해하였다(기관 출력 2,005마력, 스크류는 분당 68.8회 회전). 1일 동안 석탄 88톤을 소비하면서 14노트와 9노트로 시운전했다. 9노트로 시운전하였을 때, 스크류가 분당 55회 회전하였고 석탄은 1일당 68톤을 소비했다. 시운전 결과 9노트에서의 항해거리는 4,282마일 이상이었고 10노트일 때는 3,682마일을 기록했다. 9노트일 때 항해거리가 더 길었지만, 10노트의 속력에서 석탄의 소비가 적었기 때문에 경제적인 것으로 결론이 났다. 9노트의 속력에서 기관의 저압실린더가 총 54마력을 기록했으나, 54마력으로는 스크류를 작동하기에도 부족할 뿐 아니라 기관 연결 모터를 움직이기에도 부족한 것이었다. 54마력으로 기관을 작동시키려면 실린더와 연결부를 몇 개 없애면 가능했지만, 《바략》의 기계 구조상 분리할 수 없었다.

《바략》이 항해시운전을 하는 동안에 다음과 같은 사실을 알게 되었다. 《바략》이

제물포 정박지의《바략》(1902년 10월 16일, 사진-B. 로바치)

9, 10노트같이 저속으로 움직일 경우(스크류가 분당 55회 이하로 회전할 경우), 저압실린더는 기관 연결 회로를 작동시키지만, 반면 나머지 실린더 작동을 멈추게 하는 것이다. 그 결과 크랭크 축이 뻑뻑하게 회전하였고, 이 때문에 베어링이 고장나고 기관의 기계장치 작동을 뒤죽박죽으로 만들었다.

제물포에서 돌아오는 10월 19일에 최고 속력 항해시운전을 시작하였다. 스크류가 분당 100회 회전하자 예상대로 베어링이 가열되었으나 실험은 계속 진행되었다. 스크류가 분당 125회 회전하고 기관이 9,400마력인 조건에서 속력은 20노트 이상 올라가지 않았다. 니클로스 보일러는 장시간 항해하게 되면 기관에 고압증기를 보내지 못하였는데, 고압증기 없이는 최고 속력을 낼 수 없었다.

시운전을 마친 후 위원회 위원들은《바략》은 평균 속력 16노트를 넘지 않아야 장기간 항해할 수 있다는 결론을 내렸다. 고속으로 장시간 항해하기 위해서는 고압실린더·중압실린더·특수실린더의 주요 베어링을 갈아서 기관을 다시 만들어야 했다. 위원회 위원들은 이 작업을 지체말고 가능한 빨리 실행해야 한다고 조언했고, 알렉세이 대장은 분함대 사령관에게 위원회의 조언대로 실행하라는 명령을 내렸다.

1902년 11월 8일에 확대된 새로운 위원회가 조직되었다. 위원장은 I. P. 우스펜스키 대령이 맡았다. 11월 16일에 순양함《바략》은 다시 출항했다. 출항 목적은 기관의 고장의 원인을 알아내고, 속력을 유지하면서 기관을 안정하게 작동할 수 있는 조건을 파악하는데 있었다. 물론 기계가 고장나지 않으면서《바략》이 전투임무를 수행할 수 있는 조건이어야 했다. 그러나 예전에 위원회에서 언급했던 것처럼, 기계를 안전하게 유지하면서 낼 수 있는 최고 속력은 16노트(스크류는 분당 105번 회전)라는 똑같은 결론이 나왔다. 스크류의 회전수를 늘리면 기관이 삐걱거렸고, 좌우 기관에 있는 고압실린더와 중압실린더의 베어링이 가열되었다. 위원회는 평균 속력을 유지하더라도 기계를 빠른 속력으로 장시간 사용할 경우에도 이 같은 문제가 발생할 수 있다는 결론을 내렸다. 실린더가 작동하는 동안에 사용하지 않는 기계들이 크랭크 축과 분리하지 못하게 만들 경우, 문제는 더 심각해 질 수 있었다. 실린더가 작동하는 동안에 사용하지 않는 기계들이 실린더 운동을 방해하였고, 연결 부분을 흔들리게 했으며 베

여순항에서 엔진 수리 중인《바략》

여순 서쪽에 정박 중인《바략》이 크레인 아래서 엔진을 수리하고 있다(사진-M. 슈리쯔).

여순항 서쪽에 위치한 태평양 함대의 모습(사진-A. 디네스)

여순 서쪽항에 있는 순양함《바략》과 장갑함《뽈타바》(1902년 11월, 사진-A. 디네스)

어링을 분해하였다.

베어링에 의지한 크랭크 축은 연결 클러치와 매듭고정물을 흔들리게 하며 이상하게 회전했다. 위원회는《바략》의 연결부를 모아서 공장에서 다시 수리하고《바략》의 기관을 완전히 새로 만들어야 한다고 판단했다. 위원들은 항구의 인력을 동원해 수리작업에 착수하자고 제안했다.

한편,《바략》은 분함대의 일원으로 모든 전투훈련에 적극적으로 참여했다. 10월 31일에는 전단 통제사격을 실시했다.《바략》의 승조원들은 우수한 점수를 받으며 훌륭한 사격솜씨를 발휘했다. 기함에 있던 해군 지휘관은 '해군 대장이 아주 만족스러워했다'는 신호를 보냈다. 다음 날 사령관이 순양함《바략》을 방문했다. 한 달 반이 지난 후에《바략》은 철갑선《세바스토폴》과 함께 전투사격을 실시하였다. 두 군함은

정박장의 여순 함대(사진-F. 뽀드조로프)

여순 정박지에서의 《바랴》

35카벨토프[6]의 거리를 유지하였다. 11월 21일에 훈련이 끝나자 순양함《바략》은 정기 수리를 받았다.

《바략》은 1902년 내내 세 차례에 걸쳐 수리를 받았다(1902년 2월 28일~5월 1일, 1902년 7월 31일~10월 1일, 1902년 11월 21일~1903년 2월 13일 기간 동안 수리를 받음).《바략》이 이처럼 자주 수리를 받았음에도 불구하고 무장예비대에 편입되었던 기간에는 전투훈련에 집중했다: 670시간을 출정했고 7,950마일을 항해했으며, 8,600톤의 석탄과 27톤의 감마제[7]를 사용하였다. 전투훈련을 하는 동안에 거리산정 방법에서부터 류졸-먀키쉐브 거리측정기 사용법에 이르기까지 84회 훈련했다. 목측(目測: 눈으로 거리를 측정하는 방법-번역자) 훈련은 48회, 포격훈련은 83회, 포술장 수업 30회,《바략》단독으로 그리고 분함대 구성원으로 사격훈련을 시행한 것이 총 48회, 포신(砲身)을 사용한 사격훈련 30회(포탄 891발 발포), 전투 포탄을 사용한 예비사격 3회(포탄 71발 발포), 152mm 포 단독사격을 1회 시행했으며(포탄 74발 발포), 75mm포로 185발 발포, 47mm포로 214발 발포, 37mm포로 60발 발포, 바라노브스키 포로 29발을 발포했다.

좌절된 희망

정기적인 기관 수리를 마친 후인 1903년 2월 15일에《바략》은 다시 함대로 복귀했다. 순양함《바략》이 외항을 떠난 직후인 2월 20일에 최대 속력을 측정하는 시운전을 하였다. 처음에는 12노트로 항해하다가 잠시 뒤에 스크류가 분당 140회까지 회전하며 약 20노트까지 속력을 높였다. 시운전 후에는 베어링을 검열했다. 2월 25일에 시운전을 계속하였으나 베어링이 다시 과열되어 3일 후에 다시 검열했다. 함대사령관인 O. V. 스타르크 중장이《바략》을 직접 검열했다. 검열 결과《바략》은 5개 부분 중 4개 부분에서 우수한 점수를 받았다. 그러나 세 번째 검열에는 아예 참여하지 않아 점수를 얻지 못하였다.

검열 직후인 1903년 3월 1일에 V. F. 루드네프 대령이《바략》의 새로운 함장으로 부임했다(1902년 12월 10일에 이미 함장 인사명령이 시달되었다). 새 함장은 우선 전반적인 군

---

6) 1 카벨토프(кабельтов) = 185.2m

7) 기계가 맞닿는 부분에 발라 매끄럽게 하는 윤활제. 기계 간의 마찰을 적게 하고 마모되거나 녹아 붙는 것을 막기 위해 사용하는 물질(각주-번역자).

수리를 끝낸 《바략》(여순항, 1903년 2월 15일). 《바략》은 여순을 떠나야 했으나 이날 바람이 너무 거세서 떠나지 못하였다(사진-B. 로바치).

순양함 《바략》 함장 V. F. 루드네프 대령

함훈련부터 실시하였다. 3월 2일에 엔진훈련을 실시하였고, 그 다음 날 아침 일찍 전투 경보를 울렸다. 전투 포요원이 전투준비를 완료했다고 보고한 후 발포를 시작했다. 점심식사 후에 순양함 《아스콜드》에서 온 수병들과 함께 훈련을 재개하였다(당시 《아스콜드》는 수리 중이었기 때문에 훈련에 참여할 수 없었다). 함장이 부임한 이후부터 사격훈련을 매일 시행했고, 이 때문에 탄환을 200~300발 정도 소비하였다. 그 외에도 단정훈련과 보트 경주도 정기적으로 실시했다.

군 지휘부는 《바략》이 23노트의 속력를 낼 수 있을 것으로 기대했다. 그래서 3월 9일에 I. P. 우스펜스키가 이끄는 위원회의 위원들은 《바략》의 최고 속력 측정을 위해 출항하

여순항에 정박한 순양함《바략》. 사진 앞부분에 E. 크라프트 장교의 모습이 보인다(사진 - B. 로바치).

였다. 정기 시운전에서 스크류가 분당 136회 회전하는 동안 21.1노트까지 속력을 높였다. 3월 22일에 25번 보일러 파이프가 파열되기 전까지는 때때로 높은 속력을 기록하기도 했으나 그렇지 못할 때도 있었다. 저녁에 정박지로 돌아온 후에 예비 수리를 하였다. 23일 아침에 항해시운전을 계속 진행하였는데, 얼마 후 25번 보일러가 또다시 파열되어서 속력을 줄이고 보일러 작동을 멈추야만 했다. 파이프를 교체한 후에 실험을 계속하자, 스크류는 분당 134회까지 회전할 수 있었다. 이처럼 실험 결과가 좋았음에도 불구하고 고압실린더와 중압실린더의 베어링 과열 문제는 끝까지 해결하지 못했다. 결국 3월 17일자 보고서에서 우스펜스키는 '순양함《바략》의 최고 속력은 16노트를 넘지 못하며, 다만 짧은 몇 시간 동안만 20노트까지 속력을 낼 수 있을 뿐이다'라고 보고하였다.

군 지휘부는 위원회 보고에 만족하지 않았다. 그래서《바략》의 기관에 대해 조언해 줄 수 있는 전문가로 페테르부르크 넵스키공장의 여순 지부 총책임자이며 유명한 기계기술자인 I. I. 깁뼤우스를 초빙했다. 깁뼤우스는 기관을 살펴본 후, "기관에는 문제가 없으나" 23노트까지 속력을 높일 경우 기관이 터질 수밖에 없다고 결론을 내렸다. 또한 "니클로스 보일러가 기관에 240~250푼트[8]의 압력과 16.8~17.5기압의 증기를 장시간 제공할 수 있을지 여부는 확신할 수 없다"고 하였다. 계속해서 다음과 같은 흥미로운 사실들이 밝혀졌다. 깁뼤우스는《바략》을 건조할 당시 계약서상에 약속된 23노트의 속력을 내도록 하기 위해서는 19,810마력이 필요하다고 파악했으나, 크람프 공장에서는 16,198마력으로도 23노트의 속력을 낼 수 있다고 보았다. 이 같은 계산상의 차이는 미국에서 속력을 측정하는 방식이 러시아와 다르기 때문이다. 미국에서는 군함의 배수량이 적어지는 시기, 즉 항해가 끝날 때 즈음에 속력 측정 시운전을 했기 때문에 16,198의 마력으로도 23노트의 속력을 낼 수 있다는 결론이 난 것이다. 그러나 실제로《바략》은 16,198마력으로 최고 속력을 기록할 수 없었다.

깁뼤우스의 연구에 따르면,《바략》이 계약상의 속력(23노트)을 기록하기 위해서는 보일러가 고압증기를 계속 유지할 수 있어야 하고, 어떤 경우에도 고압실린더에서 스크류가 분당 150회 이상 회전하지 말아야 하며, 증기도 기압 14에 200푼트 이상이 되면 안 된다고 했다.《바략》이 23노트를 기록하기 위해서는 15.4기압이 필요했으나,《바략》의 기계들은 증기 기압이 최고 14기압 이상이 되지 않도록 인위적으로 제한되어 있었다. 깁뼤우스가《바략》의 기계들의 최고 기압이 제한되어 있는 원인에 대해서 따로 자세히 말하지 않았지만, 분명 니클로스 보일러의 폭파 위험과 파이프가 언제 터질지 모른기 때문에 제한했을 것이다.

깁뼤우스는 보고서 결론에 "크람프 공장에서《바략》을 건조할 때 너무 서둘러 만

---

8) 푼트 = 옛날 러시아의 중량단위, 0.41kg

들어서 증기가 제대로 분배되지 않았다. 이 때문에 기관이 금방 손상되었고, 게다가 근본적인 문제를 해결하지 못한 상태에서 기관이 과열되는 것과 삐걱거리는 것을 고치기 시작했다"라고 적었다. 즉, 《바략》의 기관 고장은 크람프 공장에서 기관을 잘못 만들었기 때문이기도 하지만, 대부분은 고장 원인을 자세히 분석하지도 않은 상태에서 급하게 수리하였기 때문에 생긴 것이다. 크람프 공장에서 만든 베어링을 계속 사용하자 크랭크 축을 비롯한 가동 부품과 톱니바퀴의 연결부가 마모되었다. 베어링 과열의 원인은 바로 여기에 있었다.

기관에 문제가 있었지만, 순양함 《바략》은 전투훈련을 계속했다. 4월 18일에 《바략》은 연합 함대의 일원으로서 분함대 사령관 사령부의 기함 포술장교인 A. K. 먀키쉐프 중위가 지켜보는 가운데 사격을 준비하였다. 4일 후에 《바략》은 관함식에 참여했다. 분함대는 기함인 철갑선의 명령을 정확히 수행하면서 기동하였다. 4월 28일 저녁에는 철갑순양함 《러시아》와 《그로모보이》가 분함대에 합세했으나, 그때 《바략》은 정찰업무를 수행하느라 주력부대에서 2마일이나 떨어져 있었다. 5월 3일에 《러시아》가 이끄는 순양함 부대는 소구경포로 사격을 시행했다.

5월 12일에 분함대는 3부대로 나뉘어졌다. 《바략》은 어뢰전대의 기함으로 임명되어 대련 정박지로 이동하였다. 5월 14일에 순양함 《바략》의 함미 발전기 스크류가 고장났음에도 불구하고, 4일 후 밤에 실시한 방패를 향한 포격을 성공적으로 수행했다. 5월 22일에 《바략》은 분함대와 연합한 후, 어뢰정 《브디텔늬이》와 《보에보이》 그리고 순양함 《러시아》와 함께 제물포로 향하였다. 제물포에는 5월 23일 저녁에 도착했다. 조선주재 러시아 공사 A. I. 빠블로프가 조선 항구에 정박해 있던 러시아 군함들을 방문했다. 5월 31일에 러시아 군함들은 여순으로 되돌아갔다. 6월 동안에 분함대의 승조원들 사이에서 단정 경주가 유행하였는데, 치열한 경주 결과 《바략》의 12인용 단정이 2위와 3위를 차지하였다.

1903년 6월 14일에 《바략》은 장두기를 내리고 기계·기관 정기검열을 받았다. 8월에 분함대는 동해와 서해에서 기동연습을 하였다. 《바략》은 항만 방어를 위한 예비대로 등록된 후, 어뢰차단물을 설치하고 밤낮으로 기지 접근로를 지켰다.

9월 29일~10월 5일에 순양함 《바략》은 여순 선거에서 선체를 국방색으로 도색했다. 분함대 사령관의 명령에 따라 거무스름한 색 1/4과 황토색 3/4을 혼합하여 칠했다. 순양함 《바략》은 선거에서 나온 후에 석탄 1,330톤을 싣고 부대로 복귀하였다.

함포훈련 중인《바랴》1

함포훈련 중인《바랴》2

함포훈련 중인《바랴》3

함포훈련 중인《바랴》4

10월 10~16일간《바랴》은 외항에서 시범 항해를 실시했다.《바랴》은 만재배수량 상
태에서 20.5노트의 속력을 기록했다(스크류가 분당 140회 회전, 증기기압 15). 10월 19일
에 전투사격을 시행한 후,《바랴》의 우측 기관 베어링을 교체했다. 정기 실험에서《바

단정 경주 1(여순 내항, 1903년 6월 2일, 사진-M. 슈리쯔)

단정 경주 2(여순 내항, 1903년 6월 2일, 사진-M. 슈리쯔)

여순 선거에서 국방색으로 도색한 《바략》의 모습. 사진 오른쪽에 실습함 《오케안》이 선거로 들어가려고 순서를 기다리고 있다(사진-M. 슐츠).

략》은 더 이상 새로운 기록을 내지 못했다. 15.8의 증기기압하에 스크류가 분당 130회 회전했으나, 속력은 20노트를 넘기지 못하였다. 이것이 순양함 《바략》의 한계였다.

결국 12월 초에 군 수뇌부는 《바략》이 23노트까지 속력을 낼 수 없다는 사실을 인정하게 되었고, 그 후로는 더이상 속력 시운전을 실시하지 않았다. 《바략》의 기관을 대대적으로 수리하기 위해서 페테르부르크 공장에서 기술자들이 초빙되었다. 국립 선박건조 및 제공 본부는 페테르부르크 국립 오부호브 공장에게 좌우 기관의 고압실린더와 중압실린더 부품 제작을 부탁했다. 그러나 《바략》은 분함대 사령관의 명령에 따라 12월 16일에 제물포로 출항하게 되면서 오부호브 공장에서 제작한 새 부품들을 제공받지 못했다.

여순항 선거에서 수리하기 전《바략》의 모습(사진-C. 코르사코프)

여순 선거에 있는《바략》(사진-C. 코르사코프)

프랑스의 유명한 사진작가 J. 가이저가 알제리에서 촬영한《바략》의 모습

《바략》은 어딜가든 인기가 많았고, 특히 유명한 사진 작가들의 주목을 받았다.
이 사진은 I. 야코브레프가 미국에서 돌아온 직후 크론슈타트에 있는《바략》의 모습을 촬영한 것이다.

완벽한 비율의《바략》(사진-J. 가이저)

순양함《바랴》(그림-A. 자이킨)

4장

제물포해전

■제물포에서 ■전투

제물포에서

제물포(인천)는 한양(서울)의 관문이며 전략상으로 중요한 항구이다. 이 때문에 인천에는 항상 강대국 군함들이 정박해 있었다. 당시 조선의 정치 상황은 극도로 불안했기 때문에 조선에서 자국의 이익을 고수하려는 국가들에게 있어서 군사주둔은 필수적인 것이었다.

《바략》은 제물포에 정박 중이던 2급 순양함《보야린》의 교대함으로 1903년 12월 30일에 제물포에 도착하였다. 제물포에 정박 중이던《바략》은 조선 주재 러시아 공사관에 소속되어 있었다. 당시 조선 주재 러시아 공사는 4등문관인 A. I. 빠블로프였다.

제물포항 전경(20세기 초)

제물포 전경

포함《카레예츠》

《바략》의 함장 V. F. 루드네프(1855~1913)

Капитанъ II-го ранга
Бѣляевъ,
Командиръ канонерской
лодки «Кореецъ».

№ 8.

Канонерская лодка «КОРЕЕЦЪ».

Послѣ славнаго боя при Чемульпо 27 Янв. 1904 г. съ японской эскадрой изъ 6-ти броне-
носныхъ крейсеровъ и 8-ми миноносцевъ была потоплена, по приказанію старшаго началь-
ника командира крейсера «Варягъ», чтобы не достаться непріятелю.

포함《카레예츠》와 함장 벨랴예프 중령(기념우편엽서)

제물포 정박지 전경. 일본 순양함《치오다》, 영국 2급 순양함《탈보트》,《바략》, 이탈리아 순양함《엘바》(왼쪽부터)(사진-R. Dunn)

당시 러일관계는 극도로 첨예화되어서 사소한 시비로도 전쟁이 일어날 수 있는 상황이었다. 러시아 정부는 '일본인들의 간교함'보다 러시아 군인들이 성급하게 행동하여 돌발상황을 일으키지 않을까 염려했다. 러시아 정부는 일본 측에 전쟁 도발의 빌미를 주지 않기 위해서 러시아 함대에게 어떠한 행동도 먼저 하지 말라는 명령을 내렸다. 이러한 이유로 러시아 함장들에게는 매번 애매하고 확실치 않은 훈령과 명령이 내려졌다. 이 같은 애매한 명령때문에 함장들은 사태를 제대로 파악하지 못하였고 시기 적절한 결정을 내리지 못하였으며 돌발 행동도 할 수 없었다.

처음에《바략》은 제물포 정박지에서 조용히 임무를 수행했다. 외국 군함 대원들은 서로 우호적인 관계를 유지하였는데, 특히 일본 순양함《치오다》의 장교들은 매우 정중했다. 그들은 러시아 해군들에게 항상 예의바르게 행동했다.《치오다》에서 외국 함대 함장들을 위한 오찬이 열렸는데, 이 오찬에도 일본인들은 러시아인들을 정중히 대접했다.《치오다》함장 무라카미는《바략》함장의 호감을 얻고자 애썼으며, 오찬 참석자들에게 일본 정부의 평화적 의도를 알려 안심시키고자 노력하였다.

1904년 1월 5일, 여순에서 온 포함《카레예츠》가《바략》과 합류하였다. 일본 군대가 상륙했다는 소문을 들은 루드네프는 아산만으로 군함을 파견하였지만, 그곳에서 아무것도 발견하지 못하였다. 그러나 아산만에서 이미 상륙작전에 필요한 준비를 완료했던 일본 진영에서는 러시아 군함이 조선 해안을 따라 정찰한 것 때문에 일대 소동이 일어나기도 했다.

일촉측발의 전쟁위기가 조성되었음에도 불구하고, 전쟁 발발이 임박한 시점까지도 제물포항에는 전쟁의 조짐이 보이지 않았다. 《바략》의 군의관이었던 M. 반쉬코프는 "제물포 정박지에는 특별한 조짐이 없었으며, 적대적 분위기도 느끼지 못하였다"고 증언하였다.

1월 3일부터 일본 통신성의 지령에 따라 새로운 국제전보 발송규정이 실시되었다. 새로운 발송규정은 조선의 전보에까지 확대 적용되었다. 일본 측은 새로운 규정을 실시한 것은 전쟁준비 기간 동안 국가 및 군사 기밀의 유출을 막기 위한 것이라고 주장했다. 제물포 전신국에서는 전보를 72시간 동안 고의적으로 억류했으며, 발신자들에게 어떤 통보도 하지 않고 모든 전보를 압수했다. 이러한 상황에서 중국동부철도회사의 기선인 《숭가리》가 《바략》의 마지막 보고서를 여순으로 전달한 것은 이례적인 일이었다.

1월 하반기에 접어들면서 제물포 정박지의 상황은 변하기 시작했다. 해안가에서 일

제물포 정박지 전경. 《치오다》, 《탈보트》, 《바략》, 《엘바》(왼쪽부터) (사진-R. Dunn)

반인 복장으로 거주하던 일본인들의 움직임이 활발해졌다(비록 일반인 복장을 하고 있었으나 그들의 행동을 통해 군인임을 짐작할 수 있었다). 그들은 식료창고, 통신소 및 임시 숙사를 서둘러 건설하였으며, 항구에 도착한 수송선에서 석탄, 상자, 꾸러미 같은 것들을 해안가에 내려놓았다. 이 모든 것은 조선 당국의 암묵적 승인하에 진행되었는데, 조선 정부는 이 물품들이 제물포에 살고 있는 4,500명 이상의 일본인 거류민들을 위한 것이라고 생각했었다.

1월 20일이 지났음에도 여순에서 전보가 오지 않았다. 이 모든 것이 전쟁이 닥쳐오고 있다는 전조였으나, 조선 주재 러시아 공사인 빠블로프는 외교문서 전달차《카레예츠》를 여순으로 파견하는 것만 허락했을 뿐,《바략》에게는 출항을 허락하지 않았다. 1월 26일 새벽, 정박 중이던 일본의《치오다》가 돌연 출항하였다.

1월 26일에 포함《카레예츠》가 외교서신을 가지고 출항하였으나, 철갑순양함《아사마》·2급 순양함《치오다》-《나니바》-《타카치호》-《니이타카》-《아카시》·수송선 3척·어뢰정 4척으로 구성된 우리우 제독의 연합 함대가 정박지 출구에서《카레예츠》의 출항을 저지하였다. 일본 어뢰정은《카레예츠》를 향해 어뢰 두 발을 발사했으나 명중시키지는 못했다.《카레예츠》의 함장 G. P. 벨랴예프는 발포명령과 전투허가를 받지 못했기 때문에 제물포 정박지로 되돌아 가라는 명령을 내렸다.

닻을 내리자마자 벨랴예프는 바로 순양함《바략》으로 가서《바략》함장에게 위의 사건에 대해서 보고하였다. 이 사건을 접한 루드네프는 제물포 정박지에서 최연장자였던 영국 순양함《탈보트(Talbot)》의 함장 루이스 베일리를 즉시 찾아갔다. 루드네프의 말을 들은 베일리는 자초지종을 알아보고자 일본 기함을 방문했다. 그러나《타카치호》함장은《카레예츠》를 향해 먼저 어뢰 공격한 사실을 부인하였고, 일본 어뢰정은《카레예츠》의 공격으로부터 수송선을 지키려고 했던 것뿐이라고 답했다. 결국 이 사건은 오해에서 비롯된 것으로 일단락되었다.

그날 밤 내내 수송선에서 일본군이 상륙하였고, 다음 날 아침 러시아 수병들은 러일전쟁이 선포되었음을 알게 되었다.

우리우 제독은 제물포에 정박 중이던 중립국 군함—영국 순양함《탈보트》, 프랑스의《파스칼(Pascal)》, 이탈리아의《엘바(Elba)》, 미국 군함《빅스버그(Vicksburg)》—함장들에게《바략》·《카레예츠》와 전투가 일어날 가능성이 있으니 정박지를 떠나달라는 내용의 서한을 보냈다. 외국 군함 함장들이 영국 순양함《탈보트》에서 회의한 결과,

일본 군인들이 제물포항에 상륙하는 모습 1(1904년 1월 26일, 사진-R. Dunn)

일본 군인들이 제물포항에 상륙하는 모습 2(1904년 1월 26일, 사진-R. Dunn)

제물포에 상륙하고
있는 일본군 1

제물포에 상륙하고 있는 일본군 2

제물포해전 다음 날인 1904년 1월 28일, 일본군들이 철도역을 점령하고 서울로 향할 준비를 하고 있다.

함장들 중 1/3은 정박지에서 전투가 발발하면 조선의 중립이 침해될 수 있다며 반대하였다. 그러나 외국 함장들의 결정이 일본을 저지시킬 수는 없었다. 서울 주재 영국·프랑스, 그 외 국가 공사들은 일본 제독에게 항의했다.

이러한 상황 속에서 당시 러시아 함대 지휘관이었던 V. F. 루드네프는 출항을 결정하였다. 그는 일본과 전투를 치러서라도 여순까지 돌파하라고 명령했다.

전투 직전 제물포항에 위치한 《바략》. 미국 군함 《빅스버그》에서 찍은 사진(사진−National Archives)

전투

《바략》 함장의 선동적인 연설에 승조원들은 여러 차례 '만세!'라고 함성을 지르며 화답했다. '닻을 올려라!'라는 명령과 함께 군악대들이 국가를 연주하였다. 1904년 1월 27일 11시 20분에 순양함 《바략》과 포함 《카레예츠》는 닻을 올리고 정박지 출구를 향해 출발했다. 처음 얼마 동안은 《카레예츠》가 《바략》을 앞서 갔다. 두 선박사이의 거리는 1~2카벨토프, 속력은 약 6~7노트를 유지하였다. 이날 바다는 바람 한 점 없이 고요했으나 날씨는 추웠다. 안개에 가려 수평선은 보이지 않았고, 아직 적은 바다에 출몰하지 않았다. 외국 군함 승조원들은 함측에 서서 러시아 승조원들의 용맹에 경의를 표했다. 《탈보트》 수병은 당시 상황을 다음과 같이 묘사하였다: "그들은(러시아인들−번역자)은 우리를 향해 3차례 대함경례를 하였고, 우리 또한 매우 우호적으로 3차례 답례를 하였다…." 《바략》의 군악대는 외국 함대를 지날 때마다 그 나라 국가를 연주해주었다. 외국 승조원들은 병력차가 큰 일본과의 전투를 앞두고도 침착함을 유지하던 러시아 승조원들에게 매료되었으며, 러시아 승조원들은 그런 외국 승조원들을 장엄하고 정중하게 바라보았다. 특히 프랑스 순양함 《파스칼》의 수병들이 열광적으로 응원해주었다. 그들은 대오가 흩트러지도록 군모와 손을 흔들면서 죽음을 향해 다가가는 러시아 승조원들에게 용기를 주고자 힘껏 소리쳤다.

이탈리아 순양함 《엘바》를 지나자 군악소리는 잠잠해졌다. 이제부터는 팔미도 뒤에서 아직 모습을 드러내지 않고 있던 적들만이 러시아 함대를 기다리고 있었다. 러시아 함대는 서서히 속력을 높여서 12노트까지 올렸다. 항해 당직표에 따라 아침부터 당직을 서던 신호수들은 함교에 서서 긴장하며 멀리 응시하였고, 곧바로 안개 속에서 적군함의 실루엣을 발견하였다. 11시 25분에 V. F. 루드네프 대령이 전투 경보를 울리고 중간 돛대 깃발을 게양하라고 명령하였다. 흰색과 하늘색 천으로 된 안드레옙스키 깃발이 상공에 펄럭이자, 북소리와 기적소리가 울려 퍼졌다. 고막이 터질 듯 크게 울려 퍼진 전투 경보가 소화방수진입반 수병들을 집합시켰다. 승조원들은 각자 전투 위치로 재빨리 흩어졌다. 포대 및 전투초소에 준비가 완료되었다는 보고가 전투정보실로 속속 전달되었다.

우리우는 러시아의 공격에 대응할 준비는 하고 있었지만, 러시아 함대가 출항할 것이라고는 예상하지 못했었다. 일부 군함을 제외한 일본 연합 함대는 필립(Philip)섬 남쪽 끝에서 러시아 함대를 감시하고 있었다. 《아사마》와 《치오다》는 정박지 출구에 가장 근접해 있었는데, 바로 이 군함들이 《바략》과 《카레예츠》의 항로를 처음으로 발견했다. 《아사마》 함장인 R. 야시로 대령은 '러시아 함대가 출항하고 있다'는 신호기류를 게양하여 연합 함대 지휘관에게 이 사실을 알리라고 명령하였다.

1904년 1월 27일 11시 20분, 전투에 출정하고 있는 순양함 《바략》. 《바략》 뒤에 영국 순양함 《탈보트》가, 저 멀리 프랑스 순양함 《파스칼》이 보인다(사진-R. Dunn).

출정하고 있는《바략》과
《카레예츠》
(사진-National Archives)

그 시각 우리우 제독은 순양함《나니바》에서《탈보트》의 빌손 중위가 가지고 온 외국 함대 함장들의 항의서를 읽고 있었다.《아사마》와《치오다》로부터 러시아 함대의 출항 보고를 받은 우리우 제독은 함께 있던 장교들과 함께 신속히 갑판 위로 올라왔다.《나니바》돛대에 신호기(信號旗)가 솟아 올랐다. 일본 연합 함대의 군함들은 닻을

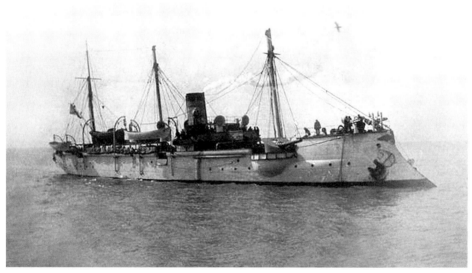

일본군이 돛대 높이를 기준으로 거리를 측정하지 못하도록 하기 위해 전투 전에 군함《카레예츠》의 모든 돛대에서 중간 돛대를 내림.

《바략》과 《카레예츠》를 기념하는 우편엽서. 《바략》 함장 루드네프 대령과 《카레예츠》 함장 벨랴예프의 초상

올려 정리할 시간조차 없어서 닻을 뽑아 놓기만 하고, 전날에 전달된 명령에 따라 종열진으로 재편성하며 서둘러 하구에 길게 늘어섰다. 제독은 《치오다》에게 《아사마》와 합세하여 공동으로 작전을 수행하라고 명령하였다.

《아사마》와 《치오다》가 선두에 서서 전진하였고, 얼마간의 거리를 두고 기함 《나니바》와 순양함 《니이타카》가 그 뒤를 따랐다. 제14어뢰전대 어뢰정 3척이 《나니바》의 적에게 노출되지 않은 측면을 따라 옆쪽으로 이동했다. 제9어뢰전대 어뢰정들은 연료와 물을 운송하기 위해 오전에 아산만으로 파견되었다. 순양함 《아카시》와 《타카치호》는 속력을 높여 남서 방향으로 돌진하였고, 정찰함 《치하야》는 제14어뢰전대 소속 《카사사기》와 함께 30마일 떨어진 출구에서 정찰했다.

러시아 군함들은 계속 같은 항로로 이동하였다. 다만 선두에 섰던 《카레예츠》가 변침하여 《바략》의 좌현 쪽으로 이동했다. 함교 오른쪽, 탐조등 근처에서 거리측정수들이 기구를 정돈했다. 전쟁을 앞둔 군함에는 적막만이 흐르고 있었다. 미하일 신부는 러시아 승조원들이 '적으로부터 승리를 거두고 공적을 세우도록 기원'하고 진료실로 내려갔다.[1]

---

1) 당시 러시아의 모든 군함에서는 이콘(icon, 聖畵)을 함정의 가장 중요한 위치에 두었고, 출동하는 함정에 신부가 편성되어 승리와 안위를 기원했다(각주-번역자).

마치 거대한 뱀 같은 형상의 소방호스가 갑판 위에 풀어져 있었다. 거리측정수는 가장 가까운 적함까지의 거리를 보고하였다. 첫 번째 포탄을 실은 수레가 기중기를 타고 올라온 후 고가(高架) 모노레일을 따라 굉음을 내며 함포를 향해 굴러갔다.

항로 저 멀리 팔미도가 모습을 드러내기 시작했고, 팔미도 오른편에는 일본 연합함대 군함들의 회색빛 실루엣이 보였다. 그 사이에(러시아 군함을 기준으로) 가장 근거리에서 전투 종열진으로 길게 늘어져 있던 일본 군함들이 러시아 군함들의 이동로를 추월하며 내려갔다. 선두 군함까지의 거리는 45카벨토프도 더 되었다. 짙은 안개 속에서 선두 종대 순양함의 세 번째 돛대에 여러 색의 신호기가 휘말려 올라갔다. 이 신호의 의미는 일본 지휘관이 러시아 함대에 항복을 요구하는 것이었다. 신호를 접한 러시아 함대의 전투정보실에서는 '신호에 답하지 말라'는 명령을 내렸다.

갑판 위의 시계는 11시 40분을 가리키고 있었다. 비좁은 전투정보실에는 항해 당직표에 따라 이미 아침부터 당직을 서고 있던 수병들 외에도 함장, 선임 포요원, 선임 조타수, 평가관 및 당직책임자가 있었다. 조타수는 조종키를 잡은 채로 서 있었고, 하사들은 전화기와 통신기 근처에서 숨죽이고 있었다. 전투정보실 통로에는 나팔수와 고수가 늘어서 있었고, 갑판 입구 근처, 트랩 주변에는 신호수들과 함장 전령수가 서 있었다.

러시아 수병들은 적군을 계속 감시하였다. 일본 함대의 두 번째 그룹인 《나니바》와 《니이타카》는 선두 그룹의 오른쪽 뒤편에서 항해하고 있었다. 일본 군함 몇 척이 안개 속에서 모습을 드러냈으나 거리가 너무 멀어서 구분하기 힘들었다.

《나니바》의 전투정보실은 비좁았으나, 이곳에는 《나니바》 사령부뿐 아니라 연합 함대 사령부도 설치되어 있었다. 11시 44분, 《나니바》 돛대에 발포 신호가 올라갔다. 일분 후 철갑순양함 《아사마》의 함수탑에서 포격을 시작했다.

일본 측의 첫 번째 일제사격 결과, 대부분의 포탄은 《바략》을 지나 근처에 떨어졌다. 포탄은 거대한 물기둥과 자욱한 검은 연기를 일으키며 바닷속에서 폭파되었고, 그 위력에 러시아 승조원들 모두가 놀랐다. 그러나 《바략》은 아직 공격을 감행하지 않았고, 함장은 적과의 거리가 좁혀질 때를 기다리고 있었다.

순양함 《바략》에 첫 번째 포탄이 명중되어 위관 조타수 A. M. 니로드 소위와 거리측정수 두 명이 사망하였고, 세 명이 부상당했다. 폭발로 인해 함교 바닥과 함교 현측이 파괴되었으며, 파도에 부딪쳐 함교 버팀목이 구부러졌다. 조타실에 갑자기 불이

일본군 포탄이 순양함《바략》을 포격하였을 때, 첫 번째로 희생된 해군소위 A. M. 니로드 백작

낮으나, 곧바로 진화(鎭火)되었다.

다음 포탄은 함측에서 폭파되었는데, 포탄 파편에 맞아 152mm포 3번이 고장났고 P. N. 구보닌 소위가 중상을 입었다. 이에《바략》과《카레예츠》는 대응포격을 하였으나 포함《카레예츠》의 집중 포격은 일본 군함까지 미치지 못했다. 계속되는 전투에서《바략》은 사실상 혼자서 일본군과의 포격전을 벌였다.

그 시각 두 번째 그룹 군함들이 전투에 가담하면서 일본군의 포격 강도가 높아졌다. 주로《아사마》,《나니바》,《니이타카》가《바략》을 공격하였고,《타카치호》와《아카시》는 여건이 될 때만 공격에 가담하였다.《바략》은 일본군의 포탄에 완전히 뒤덮였으며, 굉음을 동반한 거대한 물회오리 뒤편으로 얼마 동안 자취를 감추었다. 포탄이《바략》까지 미치지 못하고 함측 근처에서 폭발하자,《바략》의 상층부와 갑판은 엄청난 해수와 파편들로 뒤덮였으며, 상부구조물이 파괴되고 수병들이 부상당했다.《바략》은 인적피해에도 아랑곳하지 않고 일본군을 향해 격렬하게 대응포격을 하였으나, 안타깝게도 일본군에게 별로 타격을 주지 못했다.《치오다》와 우리우가 이끄는 연합 함대의 다른 몇몇 군함들이《카레예츠》에 포격을 가하였다. 그러나 일본 측의 포격은 명중되

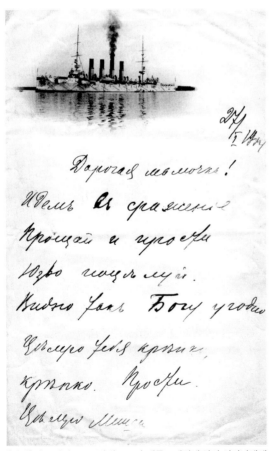
《바략》의 군의관 M. L. 반쉬코프가 제물포해전에 앞서 어머니에게 보낸 편지(1904년 1월 27일)

지 않았고, 전투 내내 마찬가지였다. 결론부터 말하자면《카레예츠》는 전투 내내 포탄을 한 발도 맞지 않았다.《카레예츠》함장의 말에 따르면, 포탄 3발은《카레예츠》까지 미치지 못하였고, 나머지 포탄은《카레예츠》를 지나쳐 날아갔다고 한다.

일본 군함들이 러시아 군함 항로로부터 오른쪽 전방에 위치해 있었기 때문에,《바략》과《카레예츠》는 일본 군함들을 쫓는 것 같은 형상이 되었고 예각에서 발포할 수밖에 없었다. 일본 함대는《바략》과《카레예츠》의 예상동선 방향을 따라 점점 내려갔는데, 가는 도중에 바위에 부딪치지 않도록 조심해야 했다.

새로운 전세로 전투는 격렬해졌다. 영국 함장인 트루브리즈는 전투 중에 "《나니바》근처에 수많은 포탄이 떨어지는 것으로 보아 분명《나니바》도 포탄에 명중되었을 것"이라고 증언한 바 있다.《바략》으로부터 집중 포격을 받은 일본 기함은 즉시 대오에서 빠져나와 오른쪽으로 선회하며《니이타카》가 앞으로 나갈 수 있도록 길을 양보하였다. 이후부터《나니바》는《니이타카》의 항로를 따라갔다.

《바략》의 군의관 M. L. 반쉬코프가 기록한 전투 기록

일본군의 공격을 받고 있는 《바략》(기념우편엽서)

　　바로 그때 발포준비 중이던 궁형 6인치 포가 폭발하여 《바략》의 후갑판에 불길이 치솟았다. 이 불길은 제1구명보트의 천막에까지 번졌다. 이 포탄이 폭발하면서 9번 6인치 포의 포대가 파괴되어 한동안 발포할 수 없었다. 포탄의 파편에 맞아 통신관 K. 쿠즈네초프와 8번포 포사수 중 3명이 전사하였고, 윗 돛대에 위치한 47인치 포의 포대가 거의 파괴되었다. N. I. 체르니롭스키-소콜 소위와 갑판장 하리콥스키가 지휘하던 소화진압반 덕분에 화재는 재빨리 진화되었다. 한편, 전투정보실에는 우현 함포들이 파손되고 75mm포의 압축기와 복좌기도 고장났다는 정보가 도착했다.

　　지휘실에 임시로 설치된 전투구호소에는 긴장감이 감돌았다. 승강구 근처에서 포탄이 폭발하자 군함 전체가 흔들렸다. 응급치료를 담당하던 선임 군의관 M. N. 흐라브로스틴은 부상병 치료로 녹초가 되었다. 장교사관실은 순식간에 연기로 자욱해져 숨을 쉴 수조차 없었다. 위생병들은 부상병들을 가까운 곳으로 옮기기 시작했다. 위쪽의 불은 진화되었으나, 열려져 있던 승강구로 엄청난 양의 해수가 쏟아져 들어와 흐라브로스틴과 일부 위생병들이 흠뻑 젖었다.

　　그 사이에 일본군과의 거리가 좁혀진 덕분에 《카레예츠》가 발포할 수 있게 되었다. 《카레예츠》가 발포한 첫 번째 포탄은 일본 선두 군함의 함수 근처에 떨어졌다.

전투정보실이 협소한데다 적들을 관찰하기 힘들었기 때문에 《바략》 함장은 항해조종실에서 군함을 계속 지휘하였다. 함장의 양 옆에는 나팔수 N. 나글레와 고수 D. 코르네예프가 자리를 지키고 있었다. 우현 쪽으로 팔미도의 암벽이 보였고 일본군이 앞으로 이동하고 있었다. 그러다가 순간 우리우 연합 함대의 군함들이 러시아 군함의 조준선 안에 일렬로 늘어서는 상황이 벌어졌다. 기동과정이 복잡하다보니 우연히 이 같은 상황이 발생한 것이다.

일본군으로부터 공격을 받고 있는 《바략》의 모습을 묘사한 그림

이 때문에 일본 함대의 두 번째, 세 번째 그룹은 그나마 드문드문 공격에 참여하던 것도 완전히 멈추었다.

팔미도 해안에 다다른 《바략》과 《카레예츠》는 항로를 따라 오른쪽으로 방향을 돌려야 했다. 그래서 12시 12분에 순양함 앞돛대 밧줄에 'П'라는 신호가 올라갔다('П'는 러시아어 'покой-안정, 평온'의 이니셜로, '오른쪽으로 방향을 돌리라'는 신호). 순양함은 '키 왼편 전타하여 상대방위 좌현 20도로 변침'하여 기동하기 시작하였다. 시계는 오후 12시 15분을 가리키고 있었다. 이때부터 비극적인 사건이 연달아 발생하면서 전투가 급속히 종결되었다. 먼저 일본군의 포탄이 전투정보실 근처 갑판에 떨어지면서 모든 조종장치가 통과하는 파이프를 박살냈다. 그 결과 《바략》은 전혀 통제되지 않았고 원을 그리며 팔미도 암벽 쪽으로 미끄러져 갔다. 첫 번째 포탄과 거의 동시에 두 번째 포탄도 《바략》에 떨어져서 갑판에 약 4m²의 구멍을 냈다. 이 포격으로 35번포 포요원 전원이 사망했고, 갑판실 근처에 서서 명령을 전달하던 보급관 I. 코스틴 역시 전사했다. 전투정보실 통로로 파편들이 튀어 나글레(나팔수)와 코르네예프(고수)가 치명상을 입었으나, 함장은 가벼운 상처와 타박상에 그쳤다. 이제 《바략》은 함미 후타실에서 조종할 수밖에 없었다. 갑판장 쉬리코프의 지휘하에 조타수 가브리코프와 로빈, 그리고 기관병인 보르트니코프가 서둘러 수동 조종장치를 손보기 시작했다.

《바랴》의 신호를 본《카레예츠》는《바랴》을 따라 방향을 바꾸려고 했으나,《바랴》이 통제되지 않는 것을 보고 속력을 줄여 반대쪽으로 270도 선회하였다. 전투가 끝난 후에《카레예츠》함장인 벨랴예프가 루드네프에게 올린 보고에 다음과 같이 언급하였다: "팔미도를 지나가며 '오른쪽으로 방향을 돌리라'는 당신의 신호('Ⅱ')를 보았다. 그러나《바랴》의 조종키가 고장난 것으로 판단하고 같이 위험한 상황에 처하는 것을 피하고자, '우현변침'을 명령하고 속력을 최소한으로 줄이며 270도 선회하였다 … 오후 12시 15분, 처음에는 좌현 8인치 포와 6인치 포를 발포하고 그 다음에는 6인치 포만 발포하면서, 1급 순양함《바랴》의 이동을 따라 정박지를 향해 방향을 돌렸다."

갑자기《바랴》선저가 삐걱거리며 갈라지더니 덜컹거리며 멈춰버렸다. 모래톱에 빠진 것이다. 21번 보일러를 작동하였으나 보일러실에는 바닷물이 차오르고 있었다(나중에 일본 측이《바랴》을 인양했을 때, 우현 63번 늑재에 길이 7피트, 너비 1피트 가량의 큰 구멍이 나 있었던 것이 확인되었다).

전투정보실에서 재빨리 상황을 파악한 후, 기관을 최대한 후진시켰으나 이미 때는 늦었다. 적들에게 좌현을 노출시킨《바랴》은 부동의 표적이 되어 버렸다.

제물포에서 일본 연합 함대와 전투 중인《바랴》(기념우편엽서-일본)

제물포해전을 묘사한 그림

　멀리서 진격해오던 일본 군함들은 러시아 군함이 위기에 빠진 것을 바로 감지하지 못하였다. 그래서 함미 함포로 계속 포격하면서 같은 항로로 이동하고 있었다. 그러나 《바략》의 돛대 신호를 본 우리우는 《바략》 함미에 구멍이 났다고 판단하고 즉시 뒤로 후퇴하였다. 우리우 연합 함대의 군함들은 우회두하며 계속 포격하였다. 우리우는 《바략》이 절박한 상황에 처해 있다고 판단하고 '모두 적(《바략》) 근처로 방향을 돌려라'라는 신호를 올렸다. 전 그룹의 군함들은 함미포를 발포하면서 새로운 항로로 방향을 바꾸었다.

　《바략》은 더이상 가망이 없어 보였다. 적들이 빠른 속도로 진격해왔으나, 좌초된 《바략》은 속수무책이었다. 바로 그 순간 《바략》은 가장 심각한 타격을 입게 되었다. 적의 포탄 중 하나가 세 번째 연돌에 적중하여 중앙 활대 밧줄이 소리를 내며 끊어졌다. 사방으로 파편이 흩어지면서 좌현 75mm포를 담당하던 포요원 두 명이 사망하였다. 《바략》 근처에서 폭발한 또 다른 포탄은 오른쪽 중앙 닻을 지주에 고정시키고 있던 돌을 산산조각냈다. 굉음과 함께 닻이 떨어져 나가 닻사슬에 느슨히 매달렸으며, 파편들은 사우나실이 있던 선체 외판을 관통하였다. 또 다른 대구경 포탄은 수중 함수를 관통하여 10번과 12번 석탄고 접합 부분에서 폭파되었고, 이로인해 47번과 48번 늑재에 2m² 가량의 커다란 구멍이 생겼다. 물이 퍼지면서 석탄고 구멍을 막았다. 《바략》의 수병들은 온갖 방법을 동원하여 연소실까지 차오른 물을 재빨리 퍼냈다. 일본군의 포격에도 불구하고 V. V. 스테빠노프 선임장교의 지휘하에 해난구조대는 이 커다란 구멍을 헝겊²⁾으로 막기 시작했다. 그 순간 기적이 일어났다. 《바략》함이 모래톱에서 빠져나와 드디어 위험지역을 벗어날 수 있었던 것이다.

그러나 여전히 상황은 매우 심각했다. 모든 방법을 동원해 물을 퍼냈으나, 《바략》은 계속해서 좌현으로 기울고 있었다. 소화진압반이 《바략》의 후갑판에서 식량창고의 불을 끄기 위해 애썼으나 밀가루가 모두 타버리고 말았다. 좌현으로 날아든 포탄으로 인해 화재가 발생했다. 포탄은 82번 늑재에 있던 장교실을 지나 인접한 갑판을 관통한 후, 식량창고에서 폭파되었다. 포탄 파편은 우현을 관통했다(이 화재는 정박지에 도착한 후에야 진화할 수 있었다). 곧바로 좌현의 의료 네트에도 불길이 일었다. 포탄은 늑재 39번 지역, 함수 함교 뒤쪽에 있던 네트를 관통한 후, 첫 번째와 두 번째 연돌 사이, 정확히 의무실 트랩 위쪽에서 폭발되었다. 이 폭발로 파도가 몰아쳤고 갑판 위에 장착되어 있던 16번 75mm포가 바닷속으로 휩쓸려갔다.

적군이 점점 다가오고 있었고, 가장 근접했던 적군함인 《아사마》와의 거리는 25카벨토프도 되지 않았다. 《카레예츠》는 《바략》과 얼마간 떨어진 곳에서 적들을 향해 집중 포격했다(처음에는 좌현 함포로, 그 다음에는 함미포로 공격하였다). 그러나 적들의 관심은 오로지 《바략》에만 집중되었고 《카레예츠》에는 전혀 신경쓰지 않았다. 이 때문에 《카레예츠》에서는 사망자도, 부상자도 발생하지 않았다.

우리우 제독은 《바략》이 분명 불타고 있었음에도 불구하고 속력을 높여 《카레예츠》와 함께 정박장로 들어갔다는 사실에 놀라움을 감추지 못했다. 항로가 비좁은 관계로 《아사마》와 《치오다》만이 러시아 함대를 추격할 수 있었다. 그러나 일본 측 자료에 따르면, 《치오다》는 기계 고장과 질 나쁜 석탄 때문에 우리우 제독의 허락하에 일찍 전투에서 열외된 후, 정박지로 향하던 다른 군함들과 합세하였다고 한다.

《바략》과 《카레예츠》는 152mm포 2~3문만 예각으로 폭격할 수밖에 없는 상황이었음에도 불구하고, 계속해서 맹렬히 공격했다. 그 사이에 순양함 《아사마》는 어뢰정

---

2) 배에 구멍이 났을 때 응급수리용으로 쓰는 헝겊조각(각주 - 번역자).

《바략》창고에서 나는 화재. 순양함《엘바》에서 이탈리아 장교가 찍은 사진

에 길을 내주고 오른쪽으로 선회하여 잠시 동안 전투에서 빠졌다. 갑자기 섬 뒤편에서 어뢰정이 재빠르게 나타나 공격에 가담했다. 어뢰정이 소구경포로 공격하려던 순간, 러시아 군함들이 함미포로 맹렬히 저지사격을 하며 일본 어뢰정의 공격을 차단했다. 어뢰정은 어뢰를 발사하지도 못한 채, 급하게 방향을 바꾸어 도망가 버렸다.

어뢰정의 공격이 실패하자 《아사마》는 러시아 군함들에게 접근하지 못하였다.《아사마》가 오른쪽으로 선회하여 다시 추격하려고 돌진했으나, 《바략》과 《카레예츠》는 이미 정박지에 근접해오고 있었다. 일본군들은 공격을 멈추어야 했다. 일본이 발사한 포탄이 외국 군함들 근처에 떨어지고 있었기 때문이다. 결국 외국 군함들은 전투 경보를 울리고 전투준비를 해야 했다. 12시 45분에 러시아 군함들이 사격을 중지하였고, 드디어 전투가 끝이 났다. 《바략》은 순양함 《탈보트》 근처에 닻을 내렸고, 《카레예츠》는 루드네프의 허락하에 외국 군함들과 떨어진 곳에 정박했다.

일본 측 자료에 따르면, 《바략》과의 전투에서 일본 연합 함대는 총 419발의 포탄을 발사했다고 한다. 군함별로 자세히 언급하면, 《아사마》는 203mm포 27발·152mm포 103발·76mm포는 포탄을 9발 발포하였고, 《치오다》는 120mm포 71발, 《나니바》는 152mm포 14발, 《니이타카》는 152mm포 53발와 76mm포 130발, 《타카치호》는 152mm포 10발 그리고 《아카시》는 152mm포 2발을 발포했다고 한다.

러시아 자료에 의하면, 《카레예츠》는 전투 중에 8인치 포 22발·6인치 포 27발·9푼트포 3발을 발포했으며, 《바략》은 152mm포 425발·75mm포 470발·47mm포 210발로 총 1,105발을 발포했다고 기록하고 있다. 만약 이 자료가 사실이라면, 전투에서 《바략》의 함포는 기록적인 사격속도를 보여준 것이다. 그러나 전투 중의 포탄 발포 수를 어떻게 계산했는지는 분명치 않다. 《바략》 함장의 보고서에 기록된 발포 수는 전투 후 승조원들에게 물어본 것을 근거로 계산한 것인데, 실제 발포 수는 이보다 적을 것으로 추측한다. 현재까지도 이 질문에 대한 명확한 답은 없다.

좌현으로 기울어진 《바략》의 모습. 함미 부분 식량창고에서 연기가 나고 있다. 멀리 포함 《카레예츠》(왼쪽)와 순양함 《파스칼》(오른쪽)이 보인다.

현재까지도 순양함《바략》의 포격에 관한 논쟁은 끝나지 않았다. 흔히 그렇듯, 이 논쟁에 대한 일본 측 의견은 러시아 측과 명확한 차이를 보이고 있다.

러일전쟁 시기에 출판된 일본 측 공식 자료에 따르면, 우리우 연합 함대의 군함들은 적에게 명중되지 않았으며 사상자가 없었다고 기록하고 있다. 반대로 소련 시기에 출판된 러시아 측 기록에서는 일본군의 피해에 대해 언급하며, 일본 군함의 피해 뿐 아니라 일본 승조원들의 인적 피해에 대해서도 언급하였다. 이러한 기록상의 차이는 양측이 서로를 믿지 못하기 때문에 발생한 것이다. 러일전쟁 직후에 발행된 일본의 공식 자료인『메이지 37~38년 해전 기록』에는 부정확한 내용을 싣고 있다. 이 간행물에서는 일본에게 불리한 사실들에 대해서는 침묵했으며, 심지어는 허위정보로 사실을 혼란스럽게 만든 자료들이 포함되어 있었다. 마찬가지로 러시아 출판물 또한 일본과 유사한 실수를 저질렀다. 그 외에도 제물포에 있던 외국인 목격자들의 진술이 서로 모순되어 사건의 진위를 파악하는 데 혼란을 가중시켰다. 모든 자료들을 다각도로 분석하는 것은 별도의 연구이므로 이 저서에서는 논외로 하겠다. 본 저에서는 1월 27일 전투 참여자들의 보고를 포함한 기초적인 공식 문서들을 주해 없이 부

일본 연합 함대와의 격렬한 전투 후에《바략》이 제물포항으로 돌아오고 있다(사진 E-M. Prigent).

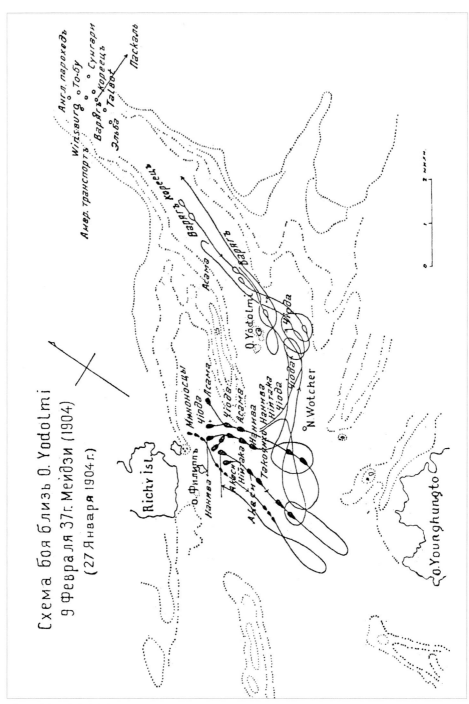

제물포해전 도식(러시아 자료)

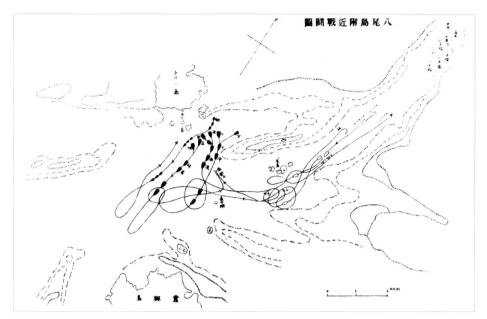

제물포해전 도식(일본 자료)

록에 첨부하였으니 참고하기 바란다.

《바략》함장의 보고서에 따르면 전투에 558명이 참여했으며, 그중에 장교는 21명이라고 한다(장교에 준하는 직급도 포함). 공식문서에 따르면,《바략》의 총 사상자 수는 130명이며, 그중 33명이 전사했다고 한다. 러시아 측 자료에는 순양함《바략》이 총 14발의 포탄을 맞았다고 기록하고 있으나, 일본 측 자료에서는 총 11발로 기록하고 있다. 그러나 일본군이《바략》을 인양한 후에 조사한 바로는 포탄에 의해 파손된 곳이 8곳이라고 밝혀냈다. 다른 부분에 파손된 것은 전투에 의한 것이 아니었다. 늑재 63번에 난 0.3m² 가량의 구멍은《바략》이 팔미도 근처의 모래톱에 빠졌을 때 파손된 것이며, 늑재 91~93, 99번에 난 구멍 3개는 승조원들이 제물포항으로 후송된 후에 발생한 탄약 폭발과 함미 부분의 화재로 인한 것이다.

전쟁이 끝난 후에도《바략》은 속력을 낼 수 있었고 철갑판도 멀쩡했었다. 그러나 전투 과정에서 다수의 사상자가 발생했고 조종키 및 다량의 무기가 파손되었으며, 수면하 선체에 난 구멍들을 자체적으로 수리할 수 없는 등 이미 전력을 상실한 상태였다. 그 밖에도 일본 포탄의 위력을 직접 체험한 승조원들은 전투 후반부로 갈수록 전의를 상실했다. 승리를 확신할 수 없는 상태에서 승조원들을 다시 전투에 투입시킬 수는 없었다.

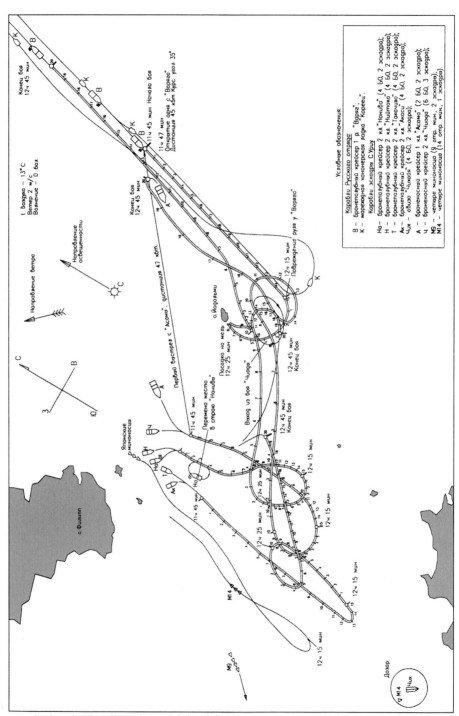

1904년 1월 27일 제물포 전투 도식(V. I. 카타예프 정리)

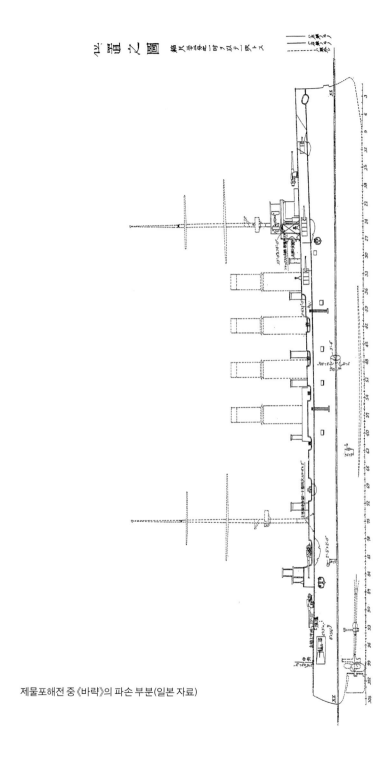

제물포해전 중 《바략》의 파손 부분(일본 자료)

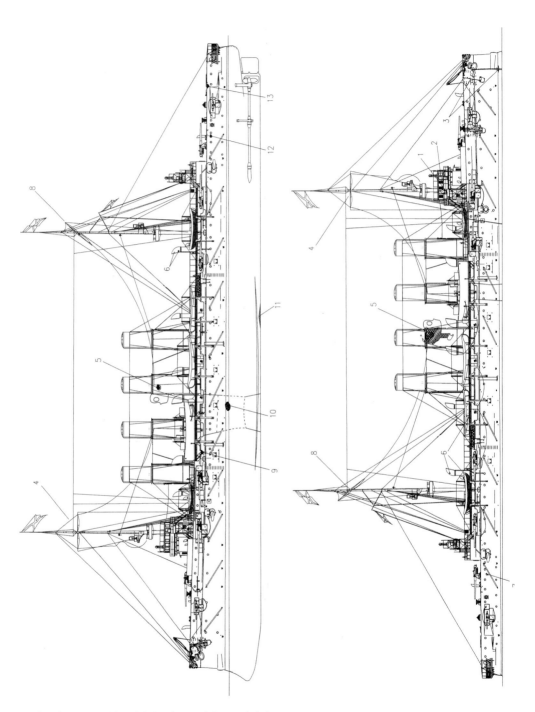

《바략》이 제물포해전로 인해 파손된 부분(정리-V. I. 카타예프)

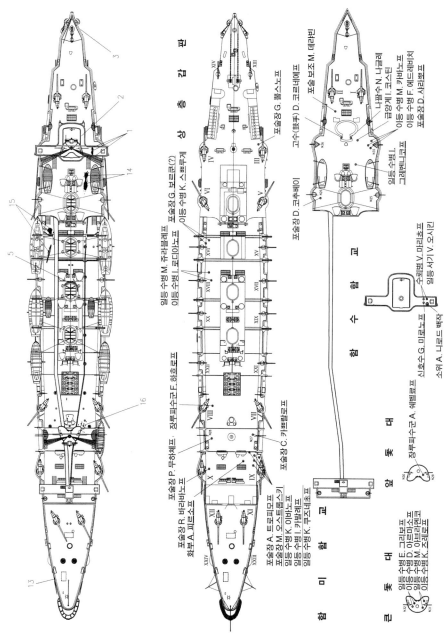

상 층 갑 판

일등 수병 M. 쥬라블레프
이등 수병 I. 로디아노프

포술장 G. 뵤르쿤프
이등 수병 K. 스쩨루게

포술장 G. 쁠스노프

포술장 D. 크로네네프

포술 보조 M. 데라빈

나뿔수 N. 나글레
곰양계 I. 고스틴
이등 수병 M. 카바노프
이등 수병 F. 에드레페차
포술장 D. 사리쏘프

일등 수병 I.
그리볘ш게리교

고수(鼓手) D. 크로네프

포술장 D. 크류베이

포술장 P. 무하체프
화부 A. 피르소프

포술장 R. 바라비노프

포술장 A. 트로피모프
포술장 M. 오스트룹스키
일등 수병 K. 이바노프
일등 수병 I. 기벨례프
일등 수병 K. 루지네초프

장루피수군 F. 하흐로프

포술장 C. 카쁘람로프

수뢰병 V. 미리초프
일등 서기 V. 오시긴

신호수 G. 미로노프
소위 A. 니루드 백작

장루피수군 A. 셰벨로프

일등 수병 E. 그리보프
이등 수병 D. 아르미선소
일등 수병 M. 아쁘리렌쿄
일등 수병 K. 즈레돈프

함 수 함 교

함 미 함 교

후 돛 대

큰 돛 대

주:

1. 위의 도식은 러시아국립 해군성문서보관소 문서군 417, 목록 4, 문서철 5678, 485쪽에 기초하여 작성됨.

2. 밑줄 없이 직위와 이름만 적힌 경우: 전투 중에 숨진 이들.

3. 직위와 이름에 밑줄 친 경우: 전투 후 부상에 시달리다 숨진 이들.

4. 상층갑판의 함포 번호는 로마숫자로 표시함.

전투 후《바략》. 수병들을 후송하고 있다(사진-E. M. Prigent).

제물포에서 러시아 순양함《바략》과 포함《카레예츠》의 파손. 외국 함대 보트가 러시아 수병들을 구조하기 위해 다가가는 모습이 묘사되어 있다.

《바략》의 수병들을 호송하고 있는 외국 수병들

　《바략》의 심각한 피해 상황을 목격한 외국 군함들은 보트를 보내주었다. 그중 영국 순양함 《탈보트》에서 보낸 보트가 제일 먼저 《바략》에 도착했다. 이 보트에는 영국 장교들 외에도 《탈보트》의 군의관 오스틴과 상선 《아약스》의 군의관인 키니도 있었다. 그 다음으로 《파스칼》 함장이 탄 대형보트가 《바략》에 도착했다. 대형보트에는 순양함 《파스칼》의 군의관 프레잔도 있었다. 《뱌략》으로 올라온 그들은 시간을 허비하지 않고 즉시 부상병들을 치료하기 시작하였다.

　13시 35분에 《바략》 함장은 프랑스 단정을 타고 《탈보트》로 건너갔다. 그는 영국 순양함 《탈보트》에서 《바략》의 모든 승조원들을 외국 군함으로 후송하는 문제와 《바략》을 정박장에 침몰시키는 문제를 논의했다. 루드네프의 말에 따르면, 베일리(《탈보트》의 함장)는 함대들이 밀집해 있는 정박지에서 《바략》을 폭파하는 것은 위험하다며 반대했다고 한다. 13시 50분에 《바략》으로 돌아온 루드네프는 급히 주변의 장교들을 소집하여(선임 장교와 그 외 몇몇 장교들은 파손된 것을 치우느라 루드네프 근처에 없었음) 《바략》의 향후 계획에 대해 말하였다. 그 자리에 있던 장교들은 루드네프의 제안에 찬성했다. 계획에 따라 곧바로 부상자들을 후송하기 시작했고, 그 다음으로 승조원 전원을 외국 함대로 수송하였다. 수병들은 용맹스러웠으며, 부상자들을 먼저 후송할 수 있도록 양보하면서 규율과 질서를 잘 지켜주었다. 영국, 프랑스, 이탈리아 군함들은 모두 러시아

《카레예츠》의 장교들

승조원들을 수용했으나, 미국 군함인《빅스버그》만은 수용하지 않았다. 영국인들의 말에 따르면, 미국인들은《바략》의 승조원들을《바략》이 아닌《탈보트》와《파스칼》로 수용하는 까닭을 모르겠다며 의아해 했다고 한다. 미국 포함《빅스버그》는 부상자 치료를 위해 군의관을 파견하기는 했으나,《바략》의 승조원들을 수용하는 것은 거절했다. 후에《빅스버그》

ПЕРЕВОЗКА РАНЕНЫХЪ «ВАРЯГА» НА КРЕЙСЕРЪ «ПАСКАЛЬ» (СЪ ФОТОГРАФІИ).

《바략》의 부상자들을 순양함《파스칼》로 이송

의 함장인 A. 마르샬은 본국으로부터 러시아 수병들을 도우라는 지시를 받지 못했다는 이유로 자신의 행동을 정당화하려 했다.

15시 15분 V. F. 루드네프는 V. A. 발크 소위를 포함 《카레예츠》로 보내 《바략》의 상황을 알렸다. 《카레예츠》 함장은 바로 군사회의를 소집하여 어떻게 할 것인지를 논의했다.

장교들은 "만약 30분 후에 전투를 시작한다 해도 양측의 전세에 차이가 많이 날 뿐 아니라 적에게 타격을 주지도 못하면서 … 헛되이 유혈사태만 불러올 것이다. 그러므로 … 군함 《카레예츠》를 폭파시켜야 한다"고 결정했다.

《카레예츠》의 승조원 전원은 순양함 《파스칼》로 후송되었다. 후에 해군사령부는 순양함 《엘바》의 하사들이 러시아 승조원들을 도와준 것을 치하하기 위하여 그들에게 수여하는 38장의 '노력' 메달 증서를 외무성 제2국으로 발송했다. 3등 기계기사인 움베르토 모로치는 성(聖) 안나 대수(大綬)를 받았다.

후에 다른 외국 군함들의 선원들도 같은 종류의 포상을 받았다.

《카레예츠》가 폭파되는 순간. 프랑스 순양함 《탈보트》에서 찍은 사진

Японская
Эскадра

9. Геройская гибель крейсера „Варягъ"
Пожаръ на „Варягѣ"

Франц. Крейсеръ
„Паскаль"

프랑스 순양함《파스칼》에서 본《바략》의 침몰장면(기념우편엽서)

15시 50분에 루드네프는 갑판장과 함께《바략》을 순회하며 배 안에 아무도 없는지 살펴보고, 선창 격실 담당자들로 급수용판과 밸브를 열게 한 다음, 그들과 함께《바략》에서 빠져나왔다.

16시 05분에는《카레예츠》를 폭파시켰다.

순양함《바략》은 천천히 침몰되었다. 루드네프는 일본군이 쓰러져가는《바략》을 포획할까봐 걱정되어《바략》의 흘수선(吃水線)에 어뢰를 발포하게 해달라고 베일리 함장에게 요청하였다.

베일리 함장이 이를 거절하자, 루드네프는 부하들과 함께 프랑스 단정을 타고《바략》으로 가서, 군함을 빨리 수장시키기 위해 불을 질렀다.

18시 10분, 불타던《바략》은 굉음과 함께 좌현으로 뒤집어지며 물밑으로 자취를 감추었다.

침몰한《바랴그》의 모습

6134 Masts and Funnel of the Russian Transport Ship '' Cingalee,'' which was sunk in Chemulpo Harbour, Korea. by the Japanese in February. 1904

6134 Masts and Funnel of the Russian Transport Ship '' Cingalee,'' which was sunk in Chemulpo Harbour, Korea. by the Japanese in February, 1904

사진 아래 "1904년 2월, 조선 제물포항에서 일본인들에 의해 침몰된 러시아 기선 '숭가리'의 돛대와 연통"이라고 적혀 있다. 그러나 기선 숭가리는 일본군에 의해서가 아니라 러시아군에 의해 폭파된 후, 침몰되었다.

제물포해전 사흘 후, 프랑스 순양함《파스칼》의 보트를 타고 있는 러시아 공사관 직원들. 사진 중앙에 손수건을 들고 있는 러시아 공사 A. 빠블로프와 그 옆에 부공사 뽈랴놉스키, 그리고 빠블로프의 아내와 아이들이 보인다(사진-R. Dunn).

《바랴》의 승조원

선임 장교 V. V. 스테빠노프

선임 포술장교 S. V. 자루바예프 중위

R. I. 베르린그 중위

N. I. 체르니롭스키-소콜 소위

제물포해전 중에 부상을 입은 V. A. 발크 소위

제물포해전 중에 사망한 A. M. 니드로 백작

제물포해전 중에 부상을 입은 A. A. 로보다 소위

제물포해전 중에 부상을 입은 P. N. 구보닌 소위

D. P. 에이레르 소위

A. N. 쉴린그 소위

선임 기계기사 N. G. 레이코프

Y. S. 솔다토프

하급 기계기사 N. V. 조린

하급 기계기사 S. S. 스삐리도노프

선임 군의관 M. N. 흐라브로스틴

군의관 M. 반쉬코프

수병 A. D. 보이체홉스키

수병 슈토프

신부 미하일 루드네프

제물포해전 이후《바략》·《카레예츠》승조원들의 귀환

일본군들이《바략》의 전사자들을 수색해 건져낸 후, 러시아 전사자들을 기념하는 행군을 하는 모습(기념우편엽서)

일본 적십자 병원에서 치료 중인 러시아 부상병들 1

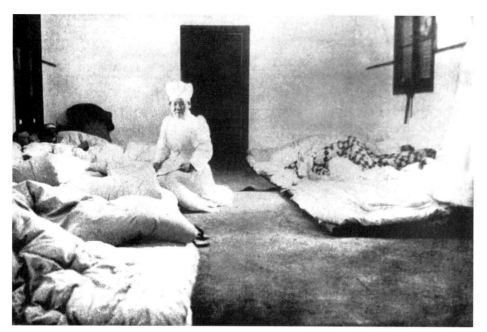

일본 적십자 병원에서 치료 중인 러시아 부상병들 2

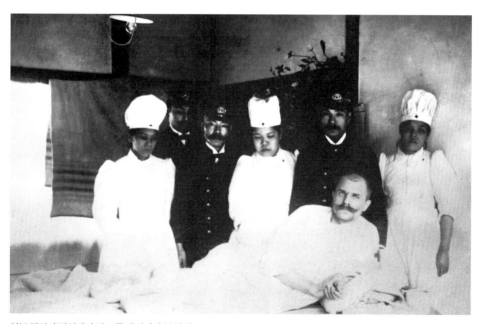

일본 적십자 병원에서 치료 중인 러시아 부상병

인천 적십자 병원 앞의 러시아 부상병들

상해에 있는 러시아 수병들과 러시아 공사관 직원들

《바략》의 수병들이 영국 순양함《암피트리트》에서 기선《남상》으로 갈아타는 모습

기선《남상》의 뱃전에 있는 러시아의 승조원들.《남상》은 영국 순양함《암피트리트》에서 내린《바략》과《카레예츠》의 수병들을 태우고 콜롬보까지 후송했다.

기선《남상》으로 이동한《바략》과《카레예츠》의 승조원들이 영국 순양함《암피트리트》를 향해 손을 흔들며 감사표시를 하고 있다.

콘스탄티노플(현 이스탄불). 포함《자뽈로제츠》뱃전에서 사진을 찍고 있는《바략》의 장교, 소위 등과《자뽈로제츠》의 해군들. 왼쪽에서 두 번째가《자뽈로제츠》의 함장인 C.A. 그리잔 대령이며, 세 번째가《바략》의 선임 장교인 V.V. 스테빠노프이다.

《마라이야》가 오데사 항구에 접근하고 있다. 항구에서는 《바략》과 《카레예츠》 승조원들을 맞이할 준비를 하고 있다 (1904년 3월 19일).

《바략》과 《카레예츠》의 승조원들이 하선하고 있다.

Къ событіямъ на Дальнемъ Востокѣ.
Команды моряковъ Варяга и Корейца на пристани въ Одессѣ.

오데사에서 《바략》과 《카레예츠》 수병들을
환영하는 행사

《바략》과 《카레예츠》의 승조원들.
《성 니콜라이》 기선을 타고 오데사에서
세바스토폴로 가는 길에 찍은 사진

세바스토폴로 떠나기 전, 기선《성 니콜라이》갑판에 서 있는《바략》과《카레예츠》의 수병들

《바략》함장인 V. F. 루드네프(사진 중앙 왼쪽에서 세 번째)와 그 옆에 오데사 군관구 사령관인 A. B. 카울바르스(사진 중앙에 흰색 제복을 입고 오른쪽 손을 제복 속에 넣고 있는 인물)가 1904년 3월 6일 오데사에 정박한 기선《크리메》갑판에서《바략》의 장교들 및 수병들과 함께 사진을 찍고 있다.

러시아인들은 《바랴》과 《카레예츠》의 승조원들이 지나가는 모든 역마다 그들을 환영하였다.

Къ событіямъ на Дальнемъ Востокѣ.
Спасскія казармы. Арка въ честь героевъ Чемульпо.

제물포 영웅들을 기념하는 아치형 문(기념우편엽서)

Къ событіямъ на Дальнемъ Востокѣ.
Встрѣча героевъ Чемульпо въ Москвѣ.

《바략》과《카레예츠》의 승조원들을 환영하는 모스크바의 인파(기념우편엽서)

Къ событіямъ на Дальнемъ Востокѣ.

제물포해전에 참전한 수병들을 위해 모스크바에서 열린 만찬(기념우편엽서)

상트페테르부르크에 있는 모스크바 기차역에서 제물포해전에 참전한 승조원들의 대열을 점검하고 있는 알렉세이 대장

상트페테르부르크에 도착한《바략》함장 V. F. 루드네프에게 빵과 소금을 전달하고 있다(빵과 소금을 전하는 것은 러시아식 손님 환대방식이다-번역자).

상트페테르부르크의 넵스키 거리에서 《바략》과 《카레예츠》의 승조원들을 기다리는 환영인파(1904년 4월 16일)

넵스키 거리에서 《바략》과 《카레예츠》의 승조
원들을 환영하는 러시아인들 1

넵스키 거리에서 《바략》과 《카레예츠》의 승조원
들을 환영하는 러시아인들 2

넵스키 거리에서 《바략》과 《카레예츠》의 승조원들을 환영하는 러시아인들 3(기념우편엽서)

넵스키 거리에서 《바략》과 《카레예츠》의 승조원들을 환영하는 러시아인들 4

러시아 황제 니콜라이 2세가 제물포해전에 참전했던 《바략》과 《카레예츠》 승조원들의 사열을 받고 있다.

1904년 4월 16일 상트페테르부르크의 겨울궁전에서 러시아 황제 니콜라이 2세가 《바략》과 《카레예츠》의 승조원들을 만나 격려하고 있다.

《바략》의 수병 A. D. 보이체홉스키, C. D. 크릴로프, T. P. 치비소프, I. E. 카쁘렌코프가 1948년 11월에 V. F. 루드네프의 묘에 헌화하고 있다.

5장

《소이야》라는 이름으로[1]

▪《바략》의 인양작업　▪일본 해군에서의 복무

---

1) 5장에서 언급된 날짜는 양력

《바랴》의 인양작업

《바랴》이 침몰한 지역은 계절이나 하루 중 시간 차에 따라(황해는 조수 간만의 차가 큼) 평균 수심이 11.5~20m 가량 되었고, 바다 밑은 갯벌이었다. 썰물 때면 만은 바닥을 드러냈다. 제물포항구는 봄·겨울에는 강한 파도가 치고 항상 바람이 불었다.

파손된《바랴》의 모습

폭파된 포함《카레예츠》1

폭파된 포함《카레예츠》2

썰물 때 드러난 침몰된《바략》의 모습. 일본은 선체와의 충돌을 방지하기 위해 9번 152mm포의 포신에 장대를 꽂았다.

일본은 전투가 끝난 바로 다음 날부터 《바략》의 인양작업에 착수하였다.

침몰된 《바략》의 뱃전에 서 있는 일본군들(1904년)

침몰된 《바랴》.
배가 뒤집어지면서
파손된 9번 함포의
모습이 보인다.

　순양함 《바랴》은 좌현으로 기울어져 바다 밑바닥에 누워있었고 선체의 절반
이 갯벌에 묻혀있었다. 썰물 때면 선체 대부분이 수면 위로 떠올랐고 우현 부분
은 자유롭게 돌아다니고 있었다. 전투 바로 다음 날, 외국 군함들이 항구에서 지
켜보고 있음에도 불구하고 일본인들은 조금도 부끄러워하지 않고 《바랴》에 일
본 깃발을 게양하고 조사를 시작했다. 외국 승조원들 또한 《바랴》을 살펴보았
다. 일본은 1904년 2월 20일에 순양함 《바랴》의 인양작업에 착수하였다. 인양작
업을 위해 노동자들과 각종 장비들을 싣고 사세보를 출발한 기선 《산토 마루》와
《쿄토 마루》가 인천항에 도착했다. 일본인들은 1번 증기보트를 내려 운송수단으로
이용했다. 그 다음으로 《바랴》 우현의 석탄저장고가 있던 부분에 구멍 4개를 뚫은
후, 이 구멍을 통해서 석탄과 다른 짐들을 내렸다. 선실에서 발견된 장교들의 소집품
일부를 지역 박물관에 기증하였고, 승조원들의 개인 소지품들은 1907년에 V. F. 루
드네프에게 반환했다.
　4~5월에는 순양함 《바랴》에서 6인치 포 2문(3, 5번)과 75mm포 10문을 철거했다. 얼
마 후에 함미의 다른 6인치 포 11번과 12번을 인양하였고, 그 다음으로 우현에 장착되
어 있던 나머지 함포들을 인양했다. 이제 《바랴》의 75mm포는 좌현에 장착되어 진흙에
빠져있던 4문만 남았다. 6~7월에는 잠수부들이 연돌, 돛대, 통풍기 및 그 외 상부구조
물을 철거했다.

이후 선체를 곧게 펴기 시작하였다. 이 작업을 위해 펌프를 이용해 선체 밑에서부터 진흙과 모래를 씻어냈다. 일본인들은《바략》이 구멍 난 상태에서 바다 밑바닥에 누워있을 거라고 생각했다. 7월 15일까지 25도 각도로 만드는 데 성공하였고, 그 다음에는 24도까지 성공했다. 그 덕분에 좌현에 남아있던 함포들을 철거할 수 있었다. 8월 중순에 구조대원들은 시간당 7,000톤의 물을 퍼낼 수 있는 펌프 6대를 이용해 선체 내부의 바닷물을 퍼냈다. 이 6대의 펌프는 각각 여섯 대의 기선에 연결되었다. 잠수부들은 작업을 위해 미리 잘라놓은 네 개의 모서리 구멍에 호스를(지름 46cm 호스 1개, 지름 30.5cm 호스 2개, 지름 35.5cm 호스 2개, 지름 41 cm 호스 1개) 각각 끼워넣었고, 동시에 순양함 선실에 공기를 주입했다. 작업은 썰물 때만 진행되었다. 그러나 모두 헛수고였다. 순양함에 구멍을 잘못낸 것이 많아서 시간당 4,000톤 이상의 물을 퍼올리지 못하였다.

8월 말에 사세보에서 3대의 펌프를 더 공수받았고 9월에 작업을 재개하였다. 펌프는 시간당 9,000톤의 바닷물을 퍼낼 수 있었으나, 작업은 또 다시 아무런 결실 없이 끝났다. 이때 전문가 중 누군가가 부력(浮力)을 높이기 위해 잠수정을 순양함 중앙 부

《바략》에서 물을 퍼내고 있다.

분에 설치할 것을 제안하였다. 잠수정 설치는 순조롭게 진행되었으나 순양함을 들어 올리기 위한 두 번째 시도 역시 실패로 끝났다.

가을, 겨울철 폭풍우가 다가오자 모든 작업을 일단 중단하고 적당한 시기가 올 때 까지 연기하기로 결정했다. 10월에《바략》을 로프로 바닥에 고정시켰다. 1904년 10 월 30일에《바략》인양과 관련된 모든 작업이 중단되었다.

오랜 회의 끝에 일본은 새로운 작업계획을 채택하였다. 새로운 계획의 기본은 함수 부터 함미까지 전체 갑판 위에 잠수정을 설치하는 것이었다. 이는 필요한 부력을 확 보하고《바략》을 해저에서 떼어내기 위해 필요한 것이었다. 잠수정의 높이는 6m 정 도는 돼야 했다. 돛대, 연돌 그리고 상부구조물을 철거했음에도 불구하고 당시 순양 함의 배수량은 4,500톤 가량이었고, 잠수정까지 합치면 무려 9,000톤에 달했다.

그러나 유감스럽게도 잠수정은 1905년 4월 9일에서야 도착했다. 시간당 3,600톤의 물을 퍼낼 수 있는 펌프 3대를 오사카에 주문했다. 호스의 지름은 68.5cm로 모두 같 았으며, 펌프 1대당 국고 20,000엔이 들었다.

선체 내부에서 침전물을 제거하는 작업부터 시작했다. 침전물은 잠수부가 직접 끌 로 깨부셔야 했다.《바략》이 기울어진 것은 일부러 그대로 방치하였다. 선체가 기울 어진 덕분에 수면 위의 우현을 따라 잠수정을 설치할 수 있었기 때문이다.

잠수정을 설치하기 위해서는 500톤 이상의 나무가 필요했다. 잠수정의 골조는 지 름이 200~250mm의 굵은 통나무로, 외벽은 100mm 두께의 판자로 제작되었다. 최 종적으로 완성된 잠수정의 높이는 모두 6.1m였다. 우현에 잠수정을 설치하는 작업 은 5월 중순에 완료되었고, 그 다음에는 선체를 곧게 펴는 작업에 착수했다. 작업은 더디게 진행되었다.《바략》의 선체는 하루종일 1~2도 정도밖에 펴지지 않으나, 6 월 11일에는 단번에 10도가 펴졌다. 6월 15일에《바략》은 기울기 3도로, 사실상 평평 한 용골(龍骨)[2]이 되었다. 잠수부들은 좌현에 잠수정을 설치하기 시작하였다.

이 작업은 수중에서 진행되었고 40일 만에 완료되었다. 그때까지 오사카에서 펌프 를 추가로 제공받았다. 각각의 펌프 내부에는 높이 2m, 너비 3m, 길이 3m와 3.6m 의 철제 상자가 설치되었다. 상자에는 통풍구를 설치하여 인부들이 그 안에서 작업 할 수 있도록 하였다.

---

2) 선체의 중심선을 따라 배 밑을 함수에서 함미까지 꿰뚫은 부재(각주 – 번역자)

《바략》의 인양작업 장면 1

　펌프 2대는 가운데 갑판, 즉 앞쪽 보일러 연돌 위에 설치하였고, 세 번째 펌프는 기계실 위에 설치하였다. 기선《산토 마루》와《키오토 마루》에서 펌프를 통해 증기를 공급했다. 6월 15일에 처음으로《바략》을 들어올려 보았고, 결과는 만족스러웠다.

　순양함《바략》은 8월 8일에 인양하기로 결정되었다. 이날은 밀물과 썰물의 차가 10.45m로 가장 큰 날이었다. 이날 썰물 때 수위는 10.55m, 밀물 때 수위는 21m로 예측되었다. 예정일 아침, 여러 가지 색의 깃발로 장식된 기선들이 인양작업에 참여하고자《바략》으로 다가갔다. 바닷물이 빠져나가자 모든 펌프를 즉시 가동했다. 어느 정도 바닷물을 퍼내자 순양함《바략》이 물 위로 떠올랐다. 펌프를 계속 가동하였고, 인부들은 쌩쌩 소리를 내며 공기가 빠져나가는 미세한 구멍을 막기 시작하였다. 펌프로 계속 물을 퍼내면서,《바략》을 바로 정박시켰다.

　쉬지 않고 작업하던 인부들은 며칠 후 잠수정을 철거했다. 8월 12일부터《바략》에

《바략》의 인양작업 장면 2

《바략》의 인양작업 장면 3

《바략》의 인양작업과 선체를 곧게 펴는 작업 1

《바략》의 인양작업과 선체를 곧게 펴는 작업 2

《바략》의 인양작업과 선체를 곧게 펴는 작업 3

《바략》의 인양작업과 선체를 곧게 펴는 작업 4

선체를 편 직후《바략》의 모습(사진-Kure, Maritime Museum)

《바략》의 선체에 목재 잠함(潛函)을 설치하고 인양작업에 착수하고 있는 전경(사진-Kure, Maritime Museum)

대한 세부적인 조사가 시작되었다. 2달 후, 작업 책임자인 아라이는 해군상에게 제출할 보고서를 작성하였다. 이 보고서에서 아라이는《바략》의 자체 기관을 가동해 수리 공장까지 이동할 것을 제안했다. 위원회가 순양함《바략》을 검열한 후에 이 안을 확정했다. 인부들은《바략》의 이송 작업에 착수했다. 이송 작업을 위해 무선전신 안테나 용도로 쓰일 목재 돛대 두 개·항해 장치·연돌 두 개·통풍구를 설치하였고, 임시 숙소를 설비하였으며, 그 외 필요한 일련의 조치를 취하였다. 10월 6~10일간 니클로스 보일러 30대 전체를 다시 철저히 검열하고 청소하였으며, 결함이 있는 파이프와 배수관은 교체하였다. 제3, 제4그룹의 보일러 16개를 가동시켰다.《바략》이송에 관해 논의할 전문가들이 10월 말까지《바략》에 도착했다. 10월 28일, 항구에서는 순양함《바략》의 항해운전을 실시했다. 당시《바략》은 7기압에서 작동하는 12개의 보일러를 보유하고 있었다. 항해시운전 중에 속력은 10노트까지 높아졌고 스크류는

인양작업 후의《바략》

분당 65회까지 회전하였으며, 엔진과 조종장치에는 전혀 결함이 없었다.

1905년 11월 2일 순양함《바략》에 일본 해군 깃발이 게양되었다. 순양함 함장으로 오타 모리드자네 대령이 임명되었다. 11월 5일 순양함은 기선 두 척의 호위하에(아마도《산토 마루》와《교토 마루》일 것임) 사세보로 출발했다. 11월 9일, 인부들과 기술자들을 실은 순양함이 사세보항에 입항하였다. 순양함의 구멍을 잘 막지 못해서 오는 길에 선체에 물이 스며들었고, 이 때문에 11월 10일에 수리하러 선거로 들어갔다. 순양함은 석탄 및 다른 저장물을 보충하여 선거에서 나온 후, 요코스카로 출항했다. 그러나 요코스카로 가는 도중에 폭풍우를 만나서, 바카우르 만에서 폭풍우가 지나가기를 기다려야만 했다. 순양함은 11월 30일에야 요코스카에 도착하였다.

《바략》의 인양작업은 선박기술자 양성소의 아라이 유칸 중장이 주도했다. 소령 4명, 대위 2명, 중위 1명 그리고 선박 기술자 전원이 아라이 유칸과 함께 인양작업에

일본으로 떠나기 전 제물포항에서의《바략》. 선체에 임시로 설치한 연돌 두 개와 환풍기들이 보인다.

참여했다. 기선《산토 마루》에 인양작업 본부가 설치되었다. 아라이는 150명의 숙련 공들과 잠수부들을 지휘하였는데, 1905년 8월에는 그 인원수가 300명 이상이 되었다. 이들은 모두 사세보 주민들이었다. 조선인 막노동자들이 보조로 참여하였다. 작업초기에는 400명의 조선인 막노동자들이 참여하였는데, 나중에는 800명 가량으로 늘어났다. 1905년 10월 7일까지 인양작업에 든 총비용은 100만 엔 이상이었다.

일본 해군에서의 복무

일본 해군에서《소이야》라는 명칭을 받은 순양함은 1906~1907년간 요코스카에 있는 선박수리공장에서 대대적으로 수리를 받았다. 수리 후, 함교, 조타실, 연돌 그리고 환풍기가 새롭게 바뀌어 순양함 외관이 많이 변했다. 돛대를 다시 제작했는데, 새로운 돛대에는 장루를 없앴다. 기존에 있던 함수 문양을 용해해서 그것으로 일본을 상징하는 국화를 만들어 달았다(순양함이 다시 러시아로 반환되었을 때, 일본인들은 잊지 않고 이 국화장식을 떼어갔다). 어뢰방어용 그물망을 위한 긴 장대를 양쪽 현에서 없애고, 보트를 고정시키기 위해 함포사격 위치를 변경했다.

군함에 장착된 무기와 그 위치는 대부분 바꾸지 않고 그대로 두었다. 모든 6인치

《소이야》의 외관(기념우편엽서)

포는 원래 위치에 배치되었으나, 75mm포 12문은 암스트롱 76mm 12문으로 교체되었다. 17번, 18번 함포는(예전 번호로) 5번, 6번 152mm포의 포문(砲門)으로 옮겼다. 의료용 네트 근처에 있던 '포문'은 새 방파판으로 메워졌다. 그 외에도 소구경 함포 전체와 어뢰발사관 3문을 교체했다. 함수 시설들도 재배치하였다. 어뢰발사관의 덮개를 구형(球形)으로 개조했다(이 어뢰발사관은 옛 예배실 자리에 배치되었다). 좌현에서 중간 닻 하나를 없앴다. 7번, 8번 152mm포를 좀 더 편하게 이용하기 위해서 양쪽 현에 있던 트랩을 함수 쪽으로 옮겼다. 승강구 입구의 장치들은 상부갑판에 있던 장교 숙소에 재설치했다. 승강구 덮개는 갑판 쪽 모서리 아래에 설치되었다. 승강구 덮개 안쪽에는 특별 난간을 고정시켰으며, 출정할 때나 궂은 날씨에는 지주대를 치우고 승강구를 널판지로 고정할 수 있었다. 전(前)《바략》수병이었던 스네기료프의 증언에 따르면, 일본은 러시아의 국장(國章)인 쌍두독수리와 '바략'이라고 새겨진 이름판을 그대로 둘 수밖에 없었다고 한다. 그 까닭은 군함 구조상 쌍두독수리와 명판이 함미 발코니로 막혀 있었기 때문이다(스네기료프는 제1차 세계대전에 조타수로 참전하였고, 일본 항구에서 순양함《바략》과 조우했던 인물임). 일본 측은 일본어로 된 새 이름판을 발코니

시항 중인 순양함《소이야》

관함식에 참가한《소이야》

일본 연합 함대의 실습함대로 편입된 순양함《소이야》(1909년, 사진-S. Fukui Kure, Maritime Museum)

격자에 고정시켰고 양쪽 현에도 새 명판을 걸어놓았다.

니클로스 보일러가 미야바르 보일러로 교체되었다는 말이 있었지만, 이는 사실이 아니다.

《소이야》는 대대적인 수리와 설비를 마친 후 1907년 11월에 공장에서 나왔고, 그 달 말에 항해시운전을 하였다. 기관을 대대적으로 수리한 후, 고압실린더와 중압실린더의 베어링을 교체하였고, 그 외 낡은 기계들도 교체했다. 그 결과 항해시운전에서 22.71노트까지 속력을 낼 수 있었다(기관 최대 출력은 17,126마력, 스크류는 분당 155회 회전).

1908년 8월 28일에 순양함은 해군사관학교의 실습전대로 편입되었고, 동년 11월에는 관함식에 참가하였다.

실습함은 해군에서 중요한 역할을 하였고, 그런 의미에서 《소이야》도 마찬가지로 중요했다. 다른 군함들처럼 순양함《소이야》는 사관학교 생도들을 싣고 장거리 항해를 떠났다. 순양함은 1909년 3월에 순양함《아소》(前 러시아 철갑순양함《바얀》)와 함께

일본 해군에서 《소이야》라는 명칭을 받은 《바랴》. 일본 실습함대로 편입된 후 첫 임무로 북미를 항해하였다.

1909년 5월, 벤쿠버로 항해하고 있는 《소이야》

하와이와 북미로 실습 출정을 나섰다. 군함들은 호놀룰루, 샌프란시스코, 벤쿠버, 시애틀과 그 외 태평양 연안의 항구를 방문한 후, 8월 9일에 요코스카로 돌아왔다.

그 이듬해인 1910년에 순양함은 《아소》와 함께 해군사관학교 37회 졸업생도 179명을 싣고 오스트레일리아로 실습 출정을 떠났다. 실습전대는 출정 임무를 수행하면

멜버른항에 진입한《소이야》

서 동남아시아의 수많은 항구들과 섬들을 방문하였고, 1910년 7월 3일에 요코스카로 귀항했다. 보름 후, 순양함은 실습전대에서 제외되었고, 수리차 선거로 들어갔다.

1911년 3월 11일 순양함은 다시 실습전대로 편입되었다. 1911년 11월 25일에《소이야》는 예전 파트너 군함들과 함께 39회 졸업생도 148명의 지원자들를 싣고 이전 항로인 오스트레일리아-동남아시아로 파견되었다. 군함들은 실습 프로그램을 완전히 마치고 3월 28일에 항구로 입항했다.

1912년 말에《소이야》는 40회 졸업생도 지원자들을 싣고 순양함《아주마》와 함께 오스트레일리아로 새로운 출정을 떠났다. 1913년 12월 1일에 출정을 마치고 돌아온 순양함은 실습전대의 소속에서 벗어나 수리차 선거로 들어갔다. 수리는 1년 동안 계속되었다. 이 과정에서 76mm포 2문(예전 번호로 23번, 24번)을 순양함에서 철거했으며, 기관과 보일러를 대대적으로 수리했다. 보일러의 파이프와 배수관 다수를 교체하였다.

멜버른 정박지의 《소이야》

시항 중인 《소이야》가 건조 시기보다 높은 속력을 기록하고 있다.

1915년 4월 20일~8월 23일간 《소이야》와 《아소》는 42회 졸업생도 지원자들을 싣고 5개월에 걸친 정기 항해를 시작하였다. 항해노선은 예전처럼 오스트레일리아－동남아시아였다.

1915년 12월 1일, 순양함 《소이야》는 실습전대에서 제외되었고, 1916년 4월 4일에 러시아에 팔리면서 일본 함대 목록에서 완전히 삭제되었다.

일본 실습전대로 근무하는 동안 순양함 《소이야》는 776명의 후보장교들의 해상훈련을 진행했고, 이중 229명은 후에 일본 해군의 요직을 차지하였다. 함장이었던 수주키 칸타로 대령은 후에 일본수상이 되었다.

6장

《바략》의 귀환

▪ 다시 안드레옙스키 깃발 아래서

《사가미》(《뻬레스베트》), 《탕고》(《뽈타바》)와 《소이야》(《바략》)가 일본에서 블라디보스톡으로 귀항하고 있다.

다시 안드레옙스키 깃발 아래서

　제1차 세계대전이 한창인 1916년 초에 북양 함대가 편성되기 시작했다. 이 북양 함대에 순양 함대가 조직될 예정되었기 때문에 군함들이 필요했다. 제1차 세계대전 당시 러시아의 연합국이었던 일본은 오랜 흥정 끝에 자신들이 탈취한 제1태평양 함대 소속 군함들을 파는 데 동의했다. 당시 군함들의 명칭은 《탕고》(옛 명칭 《뽈타바》), 《사가미》(옛 명칭 《뻬레스베트》) 그리고 《소이야》였다. 일본 측은 군함들을 15,500,000엔에 파는데 동의했고, 이중 《소이야》는 4,000,000엔을 요구했다.

　1916년 2월 17일에 인수위원회는 기함 《토볼》을 타고 일본에 도착하였다. 기계기사인 사도코프 중령이 인수위원회를 이끌었다. 3월 1일부터 위원회는 군함 조사업무에 착수했다. 먼저 《탕고》를 조사하고, 그 다음으로 《사가미》를 조사했다. 통역을 고용하지 않아 애를 먹었지만, 어쨌든 3월 8일에 조사 작업을 종료했다. 또한 《사가미》와 《소이야》는 요코스카에 있었고 《탕고》는 쿠레에 있었기 때문에 요코스카에서 쿠레로 이동하는 데 시간이 많이 소요되었다. 시간이 지나 기계 상태가 불량했음에도 불구하고, 인수위원회 위원들은 군함들의 상태가 '전체적으로 양호하다'고 확인했다. 《소이야》의 주요 장비들은 상태가 양호하지 못했는데, 특히 주요 스크류 중 일부가 휘어진 것이 우려되었다. 그 밖에도 《소이야》 보일러의 최대 이용 한도일은 1년 반에서 2년 정도밖에 남지 않았다. 인수위원회 위원들이 《소이야》의 항해시운전을 요청했으나 일본 측이 이를 거절하였다. 그러나 다른 군함들은 저속으로 4~5시간 동안 항해하도록 했다. 위원회의 명령에 따라 일본은 군함 일부를 수리하였다. 특히, 《소이야》의 전투정보실과 항해조종실에 증기와 전기로 된 난방기구를 설치했다. 《소이야》의 모든 표지판에는 일본어로 된 알 수 없는 글자들이 적혀 있었는데, 이제 그것을 다시 뒤집어서 원래의 상태, 즉 러시아어로 적힌 면이 앞면으로 오도록 돌려놓았다. 쿠레에서 냉장고에 붙일 새 표지판을 주문했다.

3월 10일에 《사가미》, 《소이야》는 《탕고》와 연합하기 위해 쿠레로 떠났다. 함대 기

러시아로 돌아온 군함들. 블라디보스톡 금각만에 있는 순양함 《바랴》, 주력함 《체스마》와 순양함 《뻬레스베트》

함은 일본 순양함 《이부키》였다. 3월 15일에 부대는 S. 야마나키 준장의 지휘하에 사세보로 떠났다. 3월 17일에는 순양함 《수마》가 부대에 편입했고, 다음 날인 3월 18일에 군함들은 블라디보스톡을 향해 떠났다.

《이부키》, 《탕고》, 《사가미》, 《소이야》 그리고 《수마》는 1916년 3월 21일에 제1기뢰전대의 호송을 받으며 블라디보스톡의 금각만에 도착했다. 맨 먼저 항구에 정박한 것은 《소이야》였다. 해변에 운집한 시민들은 옛 러시아 군함들의 입항을 환영하였다.

군함들은 러시아 해군에 편입되었다. 해군성 명령에 따라 《사가미》와 《소이야》는 3월 22일부터 옛 명칭인 《뻬레스베트》와 《바략》으로 바뀌었다. 《탕고》는 《체스마》로 개칭되었는데, 그 까닭은 《탕고》의 옛 명칭인 《뽈타바》를 발틱 함대의 대전투함이 이미 사용하고 있었기 때문이었다. 3월 22일 정오에 군함들에서 일본기를 내렸고, 승조원들은 해변으로 하함하였다. 이제부터 근위대 수병들이 《바략》에서 근무하게 되었으며, 《바략》은 《뻬레스베트》와 함께 발틱 함대로 편입되었다. 3월 27일에 러시아 정교식으로 예배를 드린 후 《바략》에 게오르기옙스키 장두기, 깃발 그리고 선수기를

수리 중인 《바략》(사진－G. N. 타우베)

게양하였다. 장교 17명, 준위(고참 하사관) 5명 그리고 수병 570명이 순양함 《바랴》에 충원되었다.

깃발을 게양한 후에 1904년 제물포해전 전사자들을 위한 진혼식을 마쳤다. 함장인 K. I. 폰 덴은 승조원들을 향한 호소문에서 《바랴》과 《카레예츠》의 승조원들이 그랬듯이 명예롭고 용감하게 임무를 다할 것을 요청했다.

해군사령부의 계획에 따르면 군함들이 도착하자마자 북해로 보내려고 했으나, 기계와 보일러 상태가 불량하여 신속히 결함을 해결해야만 했다. 3월 말에 모든 군함들은 긴급히 수리할 작업 목록을 작성하였고, 항만기지 사령관인 P. V. 림스킴-코르사코프 준장이 수리를 승인하였다. 3월 31일에 《바랴》은 공장으로 이동한 후 수리하기 시작하여 1916년 여름까지 계속되었다. 군함 수리를 위해 숙련공이 필요했으나, 블라디보스톡 항구에서 숙련공들을 내어주지 않았다. 시베리아 소함대 지휘관은 자함대에 소속된 군함 수리가 먼저라고 생각하였다. 이 때문에 일본에서 돌아온 군함들의 수리는 중국인, 조선인 그리고 일본인 숙련공들이 일하는 사설 수리공장에 의뢰해야 했다. 아무튼 돌아온 군함들의 수리는 진척되었다.

블라디보스톡에서 수리 후 선거(船渠)에서 나온 《바랴》

공장에 정박해 있는《바략》(1916년)

《바략》의 하사들이 갑판에서 포즈를 취하고 있다(1916년).

4월 2일부터 5월 5일까지 I. G. 마트베예프 부대장이 군함들에 장착된 함포를 검열했다. 《바략》에서는 선임 포술장교인 V. G. 게세 중위가 위원회에 포함되었다. 6인치 포는 전투에 참여해도 될 정도로 수리되었다. 일본식 76mm포에서 녹을 제거했다. 고장난 기계를 제거하고 조준기계를 조정하였다. 함수에 있던 152mm포 1번, 2번과 후갑판에 있던 11번, 12번 함포를 중앙으로 옮겼다. 함수와 함미의 76mm포 포곽에 널판지를 깔아 함포 위치를 높여 포격을 더 정확하게 하였고, 함미갑판을 강화했다. 재배치 결과 현측 일제사격을 위한 대구경 함포 수가 8문으로 늘어났다. 6인치 포 전체에 축소된 방패가 설치되었다. 모든 함포의 조준기를 수리하고 압축기를 다시 만들었으며, 152mm포의 앙각(仰角)을 15도에서 18도까지 확대하였다. 항공기 격추용 기관총을 개조하였다. 또한 함수포곽과 네 번째 연돌 맞은 편에 장착되었던 75mm 포 4문을 《체스마》로 옮겼다(그 후 1916년 11월 7일에 또 다른 함포 2문을 《고리슬라바》로 옮겼다). 보일러실과 기관실을 일부 수리하였고, 난방이 없던 일부 선실에 증기난방장치

《바략》의 갑판에서는
선수 152mm포를
중앙으로 옮길 준비를
하고 있다.

1916년 5월 29일 블라디보스톡에서 보트를 올리고 있다.

《바략》의 수병들이 세탁하는 모습(1916년 6월 6일)

주력함《체스마》의 함측에서 찍은《바략》의 모습

유럽으로 떠나기 직전 금각만에서의《바략》

특별 임무를 띄고 출항하고 있는 《체스마》(앞)와 《바략》

를 설치했다. 순양함 《바략》에 2kw짜리 무선기를 설치했다. 비상용으로 설치되었던 무선기는 나중에 순양함 《아스콜드》에게 넘겼다.

5월 15일에 순양함 《바략》은 기관과 함포 실험을 위해 출항했다. 30대의 보일러 중에 22대만을 가동한 상태에서 속력을 16노트까지 올렸다. 기관은 막힘 없이 작동했고, 포격 시 기계상에는 아무런 문제가 없었다. 6월 5일에 우수리스크만에서 11노트로 항해하면서 대구경 함포를 다시 발사하며 검열했다. 6월 11일에 《바략》은 주력함 《체스마》와 함께 공동 항해한 후, 6월 13일에 금각만으로 돌아왔다.

6월 18일 14시 30분에 《바략》과 《체스마》는 특별임무 함대사령관으로 임명된 A. I. 베스투췌프–류민 준장의 지휘하에 닻을 올리고 출항했다(《뻬레스베트》는 모래톱에 빠져 오랫동안 고장 나 있어서 함께 출항하지 못했다).

6월 26일에 군함들이 홍콩에 도착했다. 순양함은 홍콩에서 흰색으로 도색했다(문서상으로는 회색으로 도색했다고 기록됨). 7월 7일에 부대는 싱가포르를 향해 떠났으나, 다음 날 오전 6시에 《바략》의 3번 보일러 파이프 두 개가 파열되었다. 이 사고로 보일러장 4명이 심각한 화상을 입었고 이등 보일러장 I. 코로레프는 5~6시간 후에 사망했다.

군함들은 7월 13일에 싱가포르에 도착했다. 항구에서 7일간 머무른 후에 7월 20일에 스리랑카로 출항하였다. 항해 도중에 순양함《바략》의 우측 기관 회전 펌프가 고장나서 10시간 동안 수리를 해야 했다. 7월 26일 오전 8시에 콜롬보에 도착하였다. 러시아 영사는 간구트 해전에서의 승리를 기념하기 위해 200명의 승조원들을 영사관으로 초대했다. 승조원들은 깃발을 들고 군가를 부르며 도시를 지나갔다. 콜롬보에서 9일을 보냈다.《바략》의 승조원중 4명이 도망쳤으나 도망자 명단은 전달받지 못했다.

8월 4일에 군함들이 출항하였고, 8월 7일 저녁에 적도를 지났다. 승조원들은 적도 통과 의식으로 적도제 행사를 가졌다.

8월 11일 오전 11시에 부대는 빅토리아항(세이셸 공화국)에 정박했다. 다음 날인 12일에 수병들은 순양함《라즈보이닉》군의관의 묘지를 방문하였다. 이날 추도회에는 이 도시의 사회단체들도 참석했다. 전투준비 계획에 따라 베스투줴프-류민 준장은

인도양을 항해 중인《바략》(1916년)

세이셸 공화국을 방문한《바략》(1916년)

마에섬(세이셸 공화국의 섬)의 거북이 농장을 방문 중인《바략》의 수병들. 수병들은 이 농장에서 거북이 한 마리를 데리고 갔다(사진-G. N. 타우베).

세이셸섬에서 고기잡이를 하고 있는《바랴》의 수병들(사진－G. N. 타우베)

사격훈련을 시행하기로 결정했다. 배에 방패가 없어서, 마해섬 절벽에 함포사격을 실시하기로 결정했다. 두 군함의 포술장교들은 함포사격을 위한 적당한 절벽(목표물)을 선정하기 위해 정찰하러 갔다.

《바랴》에는 당시에 맞는 현대식 사격조종기구가 없어서 B. 아쁘레예프와 V. 게세의 주도하에 나무로 적당한 장치를 만들어 전투조종실 천장 끝에 설치했다. 장교들은 농담삼아 이 장치를 '크리무쉬킨 숙련공들이 제작한 게세의 특허물'이라고 불렀다. 목재 장치는 당시 해군에서 승인되었던 입고프 중령의 침로각 지시기 설계에 따라 제작되었다.

《바랴》은 단함사격을 할 때 뿐 아니라《체스마》와 함께 사격할 때도 성공적이었다. 잠수함 탐지 훈련도 성공적으로 끝났다.

훈련 후에 승조원들을 위해 두 그룹으로 나누어 교대로 고기잡이를 하도록 허락했다. 순양함《바랴》의 합창단과 발라라이까[1] 연주자가 현지사를 방문했다. 8월 21

---

1) 러시아의 현악기

대양을 항해 중인《바랴》.《체스마》에서 촬영

갑판 위의 대형(隊形)

일에 군함들이 출항했으나, 휴가 중이던 수병 한 명이 돌아오지 않았다.

8월 28일에 부대는 아덴항에 도착하였고, 그곳에서 4일간 머물렀다. 러시아 군함들은 영국 측의 요청에 따라 제69편자브 연대와 전투 중이던 터키군의 진지를 정찰했다. 후에 연합국 순양함들이 그곳으로 향하고, 러시아 부대는 다시 원래의 임무를 계속 수행하였다.

9월 5일에 군함들은 수에즈에 도착했다. 부대는 수에즈 운하를 지난 후, 9월 8일에 포트사이드에 정박했다. 이곳에서 부대 지휘관이《바랴》으로 이동하였고, 이제《바랴》은 부대의 기함이 되었다. 지중해에서 군함들이 각각 다른 목적지를 향해 항해했다:《체스마》는 알렉산드리아로 출항하였고,《바랴》은 프랑스 어뢰정의 호송하에 몰타로 떠났다. 순양함《바랴》을 경호하기 위해 영국 어뢰정 2척이 파견되어 몰타까지《바랴》을 호위했다.

아덴에 정박 중인《바략》(1916년)

포트사이드에 도착한《바략》

수리를 마친《바랴》(1916년)

수리를 마친 순양함《바랴》이 출정을 준비 중이다(사진-G. N. 타우베).

9월 12일에 순양함《바략》은 몰타의 수도 발레타에 도착하였다. 4일 후에《바략》은 영국 구축함《모스키토》의 호송하에 툴롱으로 향했다. 영국 관할지역까지《바략》을 경호하던 영국 구축함은 되돌아갔고,《바략》은 어뢰의 공격을 피하고자 지그재그로 항해했다. 지그재그식 항해는 프랑스 보호령에서 프랑스 어뢰정을 만나기 전까지 계속되었다. 거센 폭풍우로 인해 프랑스 어뢰정은 되돌아가야 했지만, 순양함《바략》은 9월 19일에 툴롱에 무사히 도착했다.《바략》은 툴롱에서 수리 중에 있던 순양함《아스콜드》와 조우하였고, 비상용 무선기를《아스콜드》에 전달했다. 툴롱에 정착하는 동안에 스리랑카에서 도망쳤던 수병 4명에 대한 군사 재판이 열렸다. 재판 결과 도망자들에게 각각 징역이 선고되었다. 8년 징역을 언도받은 보일러장 A. 트라이토는 저녁에 감금소에서 목매달아 죽었고, 나머지 3명은 러시아로 이송되었다.

　10월 2일에 순양함《바략》은 어뢰정의 호송하에 출항하였고, 10월 4일에 지브랄타에 도착하여 이곳에서 10월 8일까지 정박한 후, 어뢰정 2척의 경호하에 대서양으로 출항했다. 처음에는 남쪽으로 갔으나, 나중에 북쪽으로 방향을 바꾸었다. 그 이유는

선임조타장교인 B. A. 놀데 남작이 출정 준비를 하면서
항해 설비도 준비

출정준비

출항을 준비하는《바략》(1916년)

기계기사인 K. L. 쿠릴로와 기관병들(사진-G. N. 타우베)

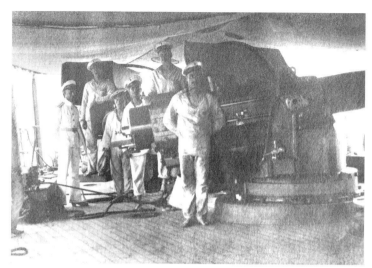

《바랴》의 함미 6인치 포 근처에 서 있는 수병들(1916년)

《바랴》의 소위들과 중위들(사진-G. N. 타우베)

자유시간에 아코디언을 연주하며 춤추고 있는《바략》의 수병들

점심식사 중인《바략》의 수병들

휴식 중인《바랴》의 수병(1916년)

곡물창고 근처에 서 있는 장교(1916년)

자유시간을 즐기고 있는《바랴》의 수병들

미쮸라 소위의 모습(1916년)

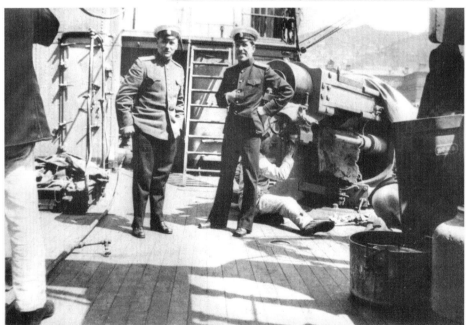

《바략》의 후갑판에 서 있는 장교들. N. A. 보스트로사브린(왼쪽)과 A. M. 미쮸라(오른쪽)

《바략》의 갑판 위에서(1916년)

《바략》의 수병들이 뱃줄에서 다 마른 내의를
걷고 있는 모습

뻬쉬코프 중위가 수병들이
작업한 것을 검사하고 있다(1916년).

순양함《바략》에서 하함하고 있는 세탁부(사진-G. N. 타우베)

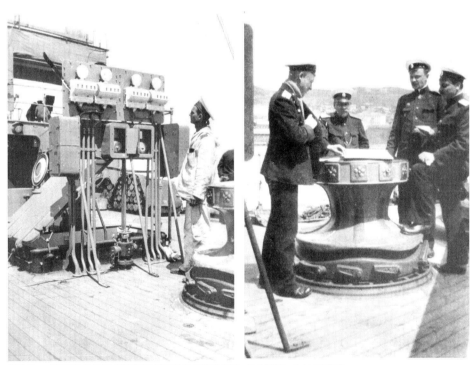

선임 장교의 주도하에 양묘기(揚錨機) 주변에서 회의하고 있는 모습(사진-G. N. 타우베)

선거에서 수리 중인《바략》(1916년)

《바략》의 함미 상층 부분(1916년)

시항 중인《바략》(1916년)

폭풍우가 격렬해져 순양함《바략》이 흔들렸기 때문이다.《바략》은 기울어진 상태에서 10월 13일에 힘겹게 아일랜드에 입항했다. 퀸스타운에서 파손된 부분을 수리한 후, 10월 16일에 스코틀랜드의 그리녹으로 이동했다. 순양함《바략》은 클라이드강을 따라 글래스고로 이동한 후, 이곳에서 19일 동안 수리를 받았다. 선거에서 수면하 선체 부분을 깨끗히 씻고 도색했으며, 며칠 전 폭풍우로 인한 피해를 염려하여 함수에 닿는 부속품을 검열했다. 또한 간부 선실에 증기 난방을 설치하고 격벽과 천장에 난방기구를 설치했다. 석탄을 배에 싣는 동안 수병 2명이 숨지는 불행한 사건이 발생하였다. 이들은 글래스고에 묻혔다. 수리를 마친 후, 11월 3일에 순양함《바략》은 글래스고에서 그리녹으로 이동했다. 그리녹에 머무는 동안 순양함《바략》에서 탄약이 장착된 일본식 76mm포 2문을 철거한 후, 마침 그리녹에 도착한 정보함《고리슬라바》에게 주었다.《바략》은 앞으로의 임무를 기다리며 그리녹항에서 11월 8일까지 정박하였다. 러시아로부터 소식을 기다리며 앞으로의 행로를 두 가지 경우로 예상했다: 북쪽으로 떠나거나 혹은 리버풀에서 대대적인 수리를 하거나. 결국 사령부로부터 "알렉산드롭스크로 가라"는 명령을 받았다.

1916년 11월 17일,《바략》은 콜라만의 에카쩨린에 닻을 내렸다. 해군성의 명령에 따라 순양함《바략》은 11월 30일부터 북양 함대에 편입되었다. 콜라만과 콜라지역 함대 지휘관은《바략》을 기함으로 임명했다. 그러나《바략》의 기술 상태는 우려할

대서양을 항해 중이던《바략》이 거센 폭풍우를 만난 모습(1916년 10월, 사진-G. N. 타우베)

영국으로 항해하는 중에 촬영한 사진.《바략》의 보병대장인 A. N. 멜레르-자코멜스키(2열 중앙)와 그 옆에《바략》의 함장인 K. I. 폰 덴 대령(사진-G. N. 타우베)

만큼 심각했다. 북쪽에는 수리 공장이 없었기 때문에 영국 해군공창(海軍工廠)과의 협의하에《바략》을 연합국 군함 수리 목록에 추가하기로 결정했다.

1917년 초에《바략》의 상태를 조사한 특별위원회는 가장 먼저 수리할 사항들을 통지서에 작성하였고, 1월 12일에 이 통지서를 런던으로 발송했다. 2월 2일에 영국 상원인 E. 카슨은《바략》을 수리 목록에 포함시키기 위해 영국 순양함의 수리 예정표를 재검토하겠다고 약속하였다. 순양함《바략》은 1917년 3월 17일에 영국 공장에 도착하기로 되었다. 마침내 2월 25일 11시 30분, 러시아를 떠난《바략》은 돌아오지 못했다.

《바략》을 수리하면서 동시에 군함 내의 무기들을 재무장하기로 하였다. 두 가지 안이 있었는데, 첫 번째 안은 152mm포를 철거하고, 대신 앙각 20도의 포가에 55구경 포신이 장착된 130mm포 12문을 설치하는 것이었다. 함포에는 방어용 방패가 설치되었다. 수리하러 떠나기 직전《바략》에 포가가 공급되었지만, 함포는 영국에서 제

《바랴》의 수병들이 일
본식 포탄들을 나르고
있다(사진 - G. N. 타
우베).

작해야만 했다.

두 번째 안은 130mm포 제작이 지연될 경우, 순양함 《카굴》에서 철거한 152mm
포 12문을 《바랴》에 장착하는 것이었다. 이를 위해서 《카굴》에서는 이미 함포를 철
거하고, 《바랴》이 정박해 있던 북쪽으로 파견할 준비를 하며 명령이 떨어지기를 기
다리고 있었다.

《바랴》은 영국으로 떠나기 전에 선체에 남아 있던 76mm포 전체, 152mm포 8문
그리고 함미의 어뢰발사관을 철거하였고, 철거된 무기들을 크론슈타트로 보냈다. 순
양함 《바랴》에는 152mm포 4문과(함수갑판에 2문, 함미갑판에 2문) 기관총 2정만 남아
있었다.

《바략》의 수병들이 일본식 포탄들을 나르고 있다(사진-G. N. 타우베).

러시아 북쪽으로 항하고 있는《바략》(1916년)

러시아 북쪽 콜라만에 머무는 동안《바략》에서 실습 경보를 울림(사진-N. 야드로바)

재무장 계획에 따라 오래된 6인치 포를 해체한 후 함대 병기고로 옮기고 있다.

무르만스크 정박장의《바략》. 사진 뒷 배경에 영국 주력함《그롤리》가 보임.

《바략》은 무사히 버컨헤드까지 이동하였고, 3월 19일에 선거로 들어갔다. 영국 측은 《바략》을 세심히 조사한 후에 최종 지불액(300,000파운드)과 수리기간(12개월)을 결정하고, 전쟁 후에 수리하겠다고 제안하였다. 당시 《바략》의 상태로는 러시아로 되돌아갈 수 없었기 때문에 영국에 체류하게 되었다. 더욱이 영국과 《바략》 수리에 관한 계약을 체결한 것은 러시아의 구(舊) 정권이었고, 신 정권(케렌스키 임시정부-번역자)은 《바략》의 수리에까지 신경을 쓸 겨를이 없었다. 러시아 임시정부에게는 무엇보다도 어뢰정 《블라스트늬이》와 《그로조보이》의 준공 여부가 중요했다. 이 2척의 어뢰정은 당시 수리 중이었는데, 수리가 끝나면 북쪽 항로에서 잠수정과 전투할 계획이었다. 해군상은 《바략》 승조원들에게 보내는 3월 25일자 전보에서 영국 측이 《바략》을

영국에 머물고 있는 《바략》(사진-N. 야드로바)

《바략》을 찾은 영국 수병들(사진-N. 야드로바)

경호하니 그곳에 남겨두고 승조원들은 미국으로 가서 소해정(掃海艇)을 인수하라고 지시했다.

러시아 2월 혁명[2]의 발발은 《바략》의 운명에 직접적인 영향을 미쳤다. 이러한 시대적 사조 속에서 23명으로 구성된 '수병위원회'가 조직되었다. 위원장에는 레투노비치 갑판장이, 그의 조수로는 일등 통신부사관 보로비요프가 선출되었다. 위원회 비서에는 통신기사 코제롭스키가, 그 조수로는 이등 포술부사관 수하례프가 선출되었다.

위원회의 활동 영역은 순양함 《바략》의 경제적인 부분, 승조원들의 식사에 관한 문제 그리고 순양함 내부 생활수준 향상에 관한 문제까지 포함하였다. 위원회 회의는 매주 수요일에 열렸지만, 특별한 경우에는 아무 요일에나 소집할 수 있었다. 위원장과 비서가 회의 기록에 서명하고, 선임 장교인 코쳅니코프가 승인했다.

위원회는 활동 첫날부터 《바략》에서 일어나는 모든 일을 철저히 통제했다. 3월 22일에 소집된 첫 번째 회의에서는 독일 성을 가진 장교들과 신뢰할 수 없는 일부 승조원들을 해고해달라는 요구가 있었다. 위원회의 이 같은 요구는 영국 주재 러시아 공사관 해군무관인 N. 볼코프에게 발송되었다.

---

2) 1917년에는 두 차례에 걸쳐 혁명이 일어났다. 러시아력으로 2월(양력3월)에 일어난 혁명은 짜르 체제를 붕괴시켰고, 러시아력으로 10월(양력 11월)에 일어난 혁명으로 볼셰비키가 권력을 장악하게 된다(각주-번역자).

3월 23일에 열린 특별 회의에서 선임 장교 볼코프가 페트로그라드[3]에서 발송된 전보를 낭독했다. 전보 내용은 다음과 같다: "1917년 3월 14일. 런던 주재 공사관의 해군무관에게. 새 정권의 정책에 맞추어 함내 승조원들의 생활을 통제하기 위해, 각 군함마다 선출된 위원회가 조직되었고 … 위원회의 목적은 군함의 전투력을 유지하는 것이다 … 가장 중요한 것은 장교들을 전적으로 신뢰하는 것, 승조원들과 장교들 간의 연합, 그리고 승조원들과 장교들이 구 체제로 돌아갈 수 없다는 것을 인지하는 것이다."

이 같은 결정에 대해《바략》의 수병들은 불만스러워 했으며, 뻬쉬코프, 부이츠와 게세의 해임을 요구하였다. 대립이 심화되자 볼코프는 이를 완화하기 위해 3월 25일에《바략》을 방문했다. 볼코프는 후갑판에서 승조원들과 대담을 가진 후에 위원회 위원들을 만나서 승조원들이 반대하는 장교들에 관한 문제 해결을 약속했다. 이 결정에 불만을 품은《바략》의 장교들을 함외 여관에 분리 조치시켜 사실상 그만두게 하였다.

4월 4일에 소집된 위원회 회의에서는 순양함《바략》의 수리 지연에 대해 논의했다. 회의 기록에는 "순양함《바략》이 역사적으로 중요하기 때문에 만약 우리가 순양함을 마음대로 처리한다면, 러시아로 돌아갔을 때 국민들 보기가 매우 부끄러울 것이며, 모두들 우리를 비난할 것이다"라고 언급하고 있다. 회의 결정에 따라 '수리가 지연된 원인을 밝히고자' 장교 1명과 수병 4명으로 구성된 사절단을 런던에 파견하기로 결정하였다. 4월 12일에 사절단들이 런던에 도착하였고, 볼코프가 그들을 접견하였다. 볼코프는 사절단에게 다음과 같이 설명하였다. "현재 영국 정부는 적국 잠수정에 대한 전투·방어 문제로 매우 바쁘다 … 그들은 곧 다가올 독일과의 해전을 하루하루 기다리고 있다 … 영국 측은 우선 자국 군함을 먼저 수리해야 하는 상황이다."

4~5월에《바략》승조원들은 각각 다른 방향으로 떠났다. 300명은 미국으로 파견되었고, 50명을 제외한 나머지 승조원들은 러시아로 돌아갔다. 남은 50명의 승조원들은《바략》에 장착된 장비 및 설비들을 본국으로 급히 발송하는 일에 착수하였다.

《바략》의 모든 설비(어뢰가 장착된 2대의 어뢰발사관, 예비 탄약이 장착된 130mm포 12문과

---

3) 상트페테르부르크는 1914년에 페트로그라드로 개칭되었다. 1924년 레닌이 사망한 후 그를 기념하기 위해 레닌그라드로 바뀌었다가, 소련이 붕괴된 후인 1991년에 다시 제정러시아 시기의 명칭인 상트페테르부르크로 개칭되었다 (각주－번역자).

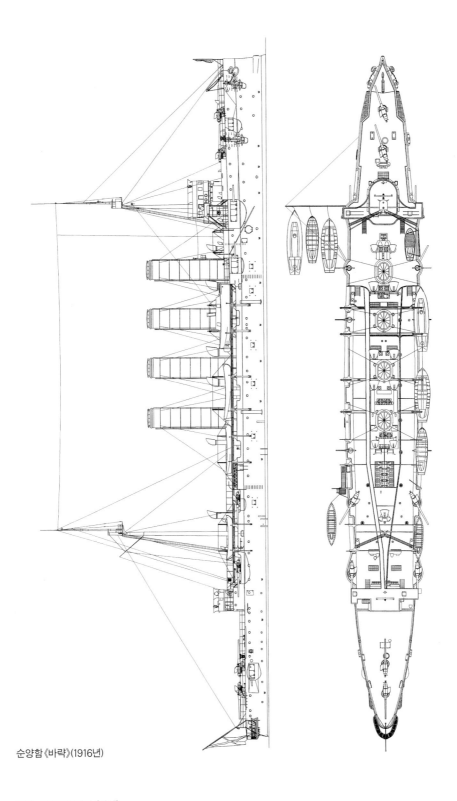

순양함《바략》(1916년)

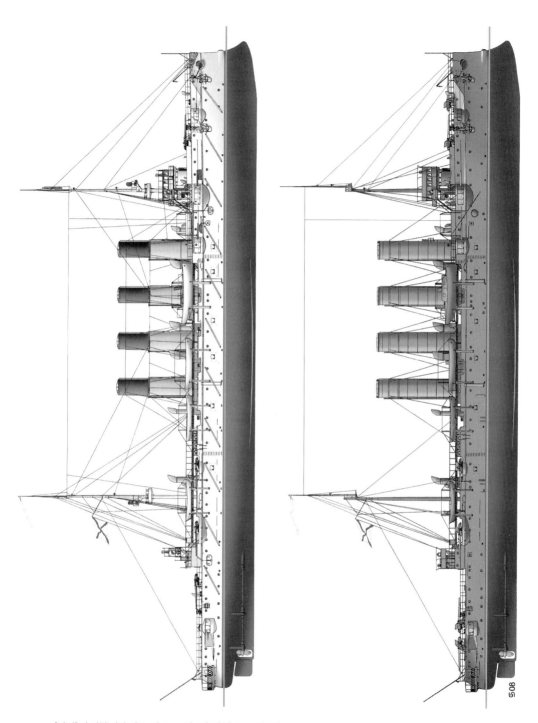

《바략》의 외형 변화 비교. 위–1901년 5월, 아래–1916년 6월

스코틀랜드의 렌델푸트(Lendalfoot) 근처에서 좌초된 《바략》1(1920년)

152mm포 4문, 포가, 무선기, 조타 기계)를 기선 《알타이》에 실었다. 승조원 39명은 《바략》
의 장비를 안전하게 본국으로 수송하기 위해 《알타이》를 경호했다.

　N. 쥬진 갑판장이 이끄는 나머지 승조원들은 해군상의 명령을 어기고 영국에 남
아 《바략》을 경호했다. 일등 수병 F. 프로트니코프는 병이 나서 3월 16일에 정신병원
으로 이송되었다.

　영국 측은 러시아 승조원들이 《바략》의 침전물 제거과정을 지켜보는 것을 처음부
터 반대하였다. 특히 10월 혁명 이후 러시아 승조원들에게 노골적으로 적대적인 감
정을 표출하였다. 1917년 12월 8일, 영국은 《바략》의 승조원들을 강제로 '수병 생활
관'[4]으로 보냈으며, 순양함 《바략》에서 안드레옙스키 깃발을 내리고 영국 수병들로
하여금 순양함을 경호하게 하였다. 영국은 《바략》의 승조원들을 한 달 동안 억류하
다가 1918년 초 승조원들을 기선에 태운 후, 소해정 승조원들과 함께 무르만스크로
보냈다.

---

4) 외국 군함이 정박하는 동안 외국 수병들이 머무는 생활관(각주 – 번역자).

마지막까지 남아있던 러시아 승조원들이 《바략》을 떠나자, 《바략》의 운명은 이미 결정된거나 다름없었다. 러시아에서 정권이 교체되고 아무도 수리비용을 지불하지 않자 영국 측은 《바략》을 수리하지 않았다.

1918년 여름, 영국 신문에 러시아 순양함 《바략》이 아일랜드해에서 독일 소형 함정의 어뢰공격을 받았다는 기사가 실렸다. 이 소식을 접한 해군 사령관 E. 베렌스가 《바략》에 관해 문의하자, N. 볼코프는(영국 주재 러시아 공사관 해군무관) 6월 23일에 다음과 같이 답변했다. "《바략》이 어뢰공격을 받았다는) 정보는 잘못된 것이며, 현재 군함은 어떤 만(灣)에 정착해 있다." 실제로 《바략》은 전쟁이 끝날때까지 클라이드강 하구에 정박해 있었다. 그 후에 순양함은 러시아 황제의 빚을 대신해 독일 회사에 팔렸다.

1920년 2월, 《바략》은 2척의 견인선(《레스트레르》와 《캄빼니에르》)에 이끌려 클라이드강을 떠나 마지막 항해길로 향하였다. 다음 날 새벽에 거센 폭풍우가 일었다. 힘이 약한 견인선들은 움직일 수 없었고, 결국 기르반에서 1마일 떨어진 모래톱에 빠졌다. 기선들은 얼마간 《바략》을 모래톱에서 끌어내리려고 시도했으나, 기상악화로 인해 《바략》과 견인선들은 다시 암초 쪽으로 밀려갔다. 그러다가 《바략》은 또 다시 렌델푸트 (Lendalfoot) 근처 모래톱에 빠졌다. 좌초 지점의 정확한 좌표는 북위 55도 11,050', 서위 04도 56,500'였다.

일주일 후에 심사위원회가 사고 지점에 도착하여 《바략》의 상태를 확인하고 암초에서 《바략》을 빼낼 수 있는지 여부를 평가했다. 위원회는 작업을 위해 'Ardrossan Salvage' 상사를 고용하였다. 그러나 기상 악화로 작업에 차질을 빚었다. 특히 2월 13~15일간의 거센 폭풍우 때문에 순양함은 수면하 선체에 구멍이 나서 6~10m 아래로 가라앉았다. 결국 심사위원회는 배를 인양하는 것이 경제적으로 아무런 이익이 없고, 구조작업 또한 적절한 방법이 아니라고 결론을 내렸다.

그 후 《바략》은 모든 사람들의 기억 속에서 빠르게 잊혀져갔다. 렌델푸트 지역 주민들과 폭풍우로 인해 《바략》은 점점 훼손되어 갔다. 1924년 8월에 가서야 독일의 청부기관이 현지에서 군함 분해작업을 맡았으며, 지역주민들의 노동력을 동원해 《바략》을 해체하였다. 얼마 전까지도 순양함 《바략》은 완전히 분해된 상태로 그곳에 남아 있었다.

스코틀랜드의 렌델푸트(Lendalfoot) 근처에서 좌초된《바략》2(1920년)

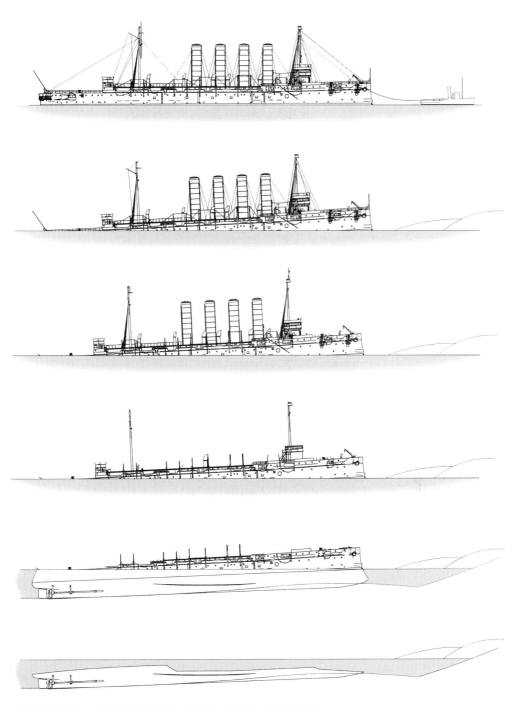

《바락》이 렌델푸트에서 좌초되어 단계별로 분해되는 과정(정리-V. I. 카타예프)

스코틀랜드에서 분해된《바랴》(1925년)

《바랴》의 분해과정 1(사진-독일 신문『쉬프바우(Schiffbau)』)

《바략》의 분해과정 2(사진-독일 신문 『쉬프바우(Schiffbau)』)

《바략》의 분해과정 3(사진-독일 신문 『쉬프바우(Schiffbau)』)

《바략》의 분해과정 4(사진-독일 신문 『쉬프바우(Schiffbau)』)

7장

다시 《바랴그》을 찾아서[1]

좌초지역에 세워진 《바략》 동상(2007년 9월 8일, 사진-C. 발라킨)

《바략》이 러시아 해군에서 가장 중요한 군함임에도 불구하고, 러시아인들이 좌초 지역을 방문한 것은 21세기가 되어서였다. 렌델푸트 지역주민들 조차도 이미 러시아 순양함에 대해 잊고 있었다. 그러다가 《바략》의 제물포해전 참전 100주년 기념 다큐멘터리 제작을 위해 2003년 여름 러시아 국영 TV '러시아(RUSSIA)'에서 탐사단을 조직하자 그들에게 기대가 모아졌다. 운 좋게도 탐사팀이 렌델푸트 근처의 펄스 오브 클라이드(Firth of Clyde)만에서 잠수하며 조사하는 중에 해변에서 500m 떨어진 수심 8~10m 지점에서 거대한 군함의 선체를 발견하였다. 탐사팀은 《바략》의 철갑 금속판, 보트의 잔해, 양묘기, 보일러, 기관과 그 외 구조물들을 모두 확인했다. 그 외 자세한 조사 및 일부 부품의 인양 역시 순조롭게 진행되었다.

《바략》의 잔해는 모두의 이목을 집중시켰으며 러시아 사회에 큰 반향을 불러일으켰다. 열성적인 이들은 러시아 군인의 용맹성과 명예를 상징하는 순양함 《바략》을 영원히 기억하기 위해서 《바략》이 좌초된 곳에 기념판을 설치하자고 제안했다.

2005년에는 '순양함 《바략》 동상건립'을 위해 러시아 전역에서 모금운동이 시작되었고, 이 모금운동은 스코틀랜드에서도 진행되었다. 2006년 7월, 세간의 이목이 집중된 가운데 V. 코로빈이 제작한 기념판이 공개되었다. 기념식 참석자들이 기립한 가운데, 영국 군함 《뱅고르》의 함수갑판에서 《바략》을 기념하는 화관을 바다로 던졌다.[2]

---

2) 화관을 바다에 던지는 것은 바다에서 사망한 이들을 추모하는 의식이다(각주-번역자).

좌초지역에 세워진 《바략》 동상(2007년 9월 8일, 사진-C. 발라킨)

　언론에서는 이 기사를 대대적으로 보도했다. 곧이어 조직위원회를 향해 '《바략》을 위한 동상을 세워야 한다'는 여론이 일었다. 국비로 동상을 세워야 한다는 의견이 제기되었다.

　이 같은 의견을 현실화하기 위해 2007년 1월에 M. 슬리뻰추크를 대표로 하는 자선재단이 설립되었다. 이 재단에 모금된 성금은 《바략》의 동상 건립과 현재의 《바략》을 지원하는 데 사용되었다. 재단 후견회에는 사회·문화·학계의 저명인사들과 해군 대표들이 주축이 되었다. 연금 수급자부터 대기업에 이르기까지 수많은 러시아 국민들이 재단에 동상 건립 자금을 후원했다. 스코틀랜드를 포함한 외국 회사들도 후원하였다.

　2007년 봄에 동상 건립 도안(圖案) 콩쿠르가 러시아 전역에서 열렸다. 6월에 심사

《바략》에 화환을 바치는 모습(2007년 9월 8일, 사진-C. 발란킨)

위원들이 심사한 결과, 상트페테르부르크의 해군사관학교 학생의 도안이 채택되었다. 이 도안을 기초로 조각가 V. 수로브체프와 건축가 V. 파센코가 기념비를 만들었다. 2007년 8월에 《바략》을 기념하는 복합단지가 공개되었다. 동상 건립식에는 영국 해군공창(海軍工廠) 대표, 스코틀랜드 행정기관 대표 및 그 외 다수가 참석했다. 러시아는 《바략》을 기념하는 복합단지를 스코틀랜드 당국에 헌정하였고, 《바략》 기념비는 스코틀랜드 국가 동상으로 등록되었다.

부록

제물포 전경

1급 순양함《바랴》함장이 황제 폐하의 총독[1]에게 보낸 보고서

1904년 2월 6일 No. 103

1급 순양함《바랴》과 포함《카레예츠》가 우리우 제독이 이끄는 일본 연합 함대(6척의 순양함과 8척의 어뢰정으로 구성됨)와 1월 27일에 치른 전투 보고서, 그리고 헌신적 용맹성과 탁월한 임무 수행으로 특별히 포상할 것을 청원하는 장교 명단을 귀하에게 제출합니다. 아울러 전투 중에 보여준 장교들과 승조원들의 침착함과 용맹을 칭송합니다.

루드네프 대령의 서명

---

1) 극동 총독인 E. I. 알렉세예프 대장

《바략》함장 루드네프의 초상과
전투 중인《바략》을 묘사한 기념우편엽서

전투 기록

　　1904년 1월 26일 포함《카레예츠》가 러시아 공사의 서신을 가지고 여순으로 출발했으나, 일본 연합 함대가《카레예츠》를 향해 어뢰 3발을 발사하여 되돌아올 수밖에 없었다. 포함《카레예츠》는 순양함《바략》근처에 정박했다. 일본 연합 함대 중 일부는 해변에 병사들을 상륙시키기 위해 수송선과 함께 정박지로 진입했다. 전쟁이 시작되었는지도 모르는 상황에서 나는 영국 순양함《탈보트》로 건너가《탈보트》함장과 앞으로의 지시사항에 관해 협의했다. 함장들 중에 최연장자인《탈보트》함장은 정박지에 있던 일본의 대표 군함을 찾아가서(일본 제독은 당시 정박지에 없었고 팔미도 뒤편에 있었음) 지휘관에게 정박지를 공격하지 말라고 요구하였다. 또한《탈보트》함장은 각국 군함들 역시 공격하지 않을테지만, 만약 어느 쪽이든 먼저 공격을 시작한다면 선제 공격한 쪽을 향해 발포할 것이라고 선포하였다.

모두들 일본 측의 약속을 믿지 않았기 때문에 일본이 야간에 공격을 감행할 것이라고 예상했으나, 그날 밤은 무사히 지나갔다.

1월 27일 아침 7시 30분에 《탈보트》(영국)·《파스칼》(프랑스)·《엘바》(이탈리아)·《빅스버그》(미국)의 함장들은 일본 제독으로부터 통지서를 받았다. 이 통지서에서 일본 제독은 전쟁이 이미 선포되었음을 알리고, 러시아 군함들에게 오후 12시까지 정박지를 떠나라고 제안했으며 만약 러시아 군함들이 떠나지 않을 경우 일본 연합 함대는 오후 4시 이후부터 정박지에서 러시아 군함들을 공격할 계획이라고 했다. 이 때문에 외국 군함들에게 안전을 위해 이 시각에 정박지를 떠나달라고 요청했다. 프랑스 순양함 《파스칼》 함장이 이 통지서를 나에게 전달해주었다. 나는 《파스칼》 함장과 함께 함장 회의에 참석하였다. 순양함 《탈보트》에서 함장 회의가 열리는 동안, 나는 러시아 공사를 통해 일본 제독이 러시아 공사관에 보낸 서신을 받았다(오전 9시 30분). 서신에는 선전포고와 동시에 오후 12시까지 정박지를 떠나라는 제안이 적혀 있었다. 외국 함장들은 만약 러시아 군함들이 정박지에 머문다면, 그들은 《바략》·《카레예츠》·기선 《숭가리》를 남겨두고 정박지를 떠나겠다고 결정하였다. 이와 더불어 외국 함장들은 일본 제독에게 중립지인 정박지 공격에 반대한다는 항의서를 보내기로 했다.

나는 순양함 《바략》으로 돌아온 후에 장교들을 소집하여 전쟁이 시작되었음을 알렸고, 정박지를 떠나 적진을 돌파할 것과 만약 그것이 실패할 경우 순양함을 폭파시키기로 결정했다고 알렸다. 이를 위해서 나중에 어뢰저장고에 도화선이 달린 점화용 포탄을 준비해 두었다. 폭파 임무는 평가관인 체르니롭스키-소콜 소위에게 위임했다.

정박지를 떠나기로 결정한 이유는 다음과 같다:

1) 정박지는 장소가 협소하여 자유롭게 이동할 수 없기 때문에 전투를 치루기에는 불편하다.

2) 정박지를 떠나라는 일본 제독의 요구를 들어주면, 일본군이 팔미도 절벽에서 나와 바다에서 전투할 것이라고 생각했다. 만약 절벽 근처에서 전투를 할 경우, 적들에게 항로가 노출되고 그러면 우리가 방어할 수 없다. 따라서 바다에서 전투하는 것이 훨씬 유리하다고 판단했다.

이후 승조원들을 모아서 전쟁에 대해 알리고 각자에게 명령을 하달했다.

정박지 입구의 《바략》

　11시 20분에 순양함 《바략》과 포함 《카레예츠》는 닻을 올리고 1.5카벨토프 만큼 떨어져 항해하기 시작했다. 외국 군함들에서는 승조원들과 장교들이 대열을 정비해 서서 우리가 지나갈 때 모두들 '만세'를 외쳤으며 이탈리아 함대에서는 러시아 국가 를 연주해 주었다. 일본 연합 함대는 6척의 군함(《아사마(Asama)》, 《나니바(Naniva)》, 《타 카치호(Takachiho)》, 《치오다(Chiyoda)》, 《아카시(Akashi)》, 《니이타카(Niitaka)》)과 8척의 어뢰 정으로 조직되었으며, 우리우 제독의 지휘하에 리치섬(Richy, 무의도-번역자)에서 방어 대열로 배치하고 있었다.

　11시 45분에 순양함 《아사마》가 8인치 포로 포격을 시작했고, 뒤따라 모든 분함대 가 발포했다.

　나중에 일본은 러시아 군함들을 향해 항복하라는 신호기를 올렸으나, 러시아 함장이 이를 무시하고 아무런 신호도 올리지 않았다고 주장했다. 실제로 나도 이 신호기를 보았으나, 전투를 벌이기로 결정했기 때문에 아무런 응답도 하지 않았다.

그 후 시험사격을 실시한 후에 45카벨토프의 거리에서 《아사마》를 향해 발포했다. 순양함 《바략》에 명중된 일본 포탄 중 하나가 조타실에 불을 내며 상부 함교를 파괴하였고 삼각돛대와 고정 쇠밧줄을 산산조각냈다. 거리측정 장교인 니드로 백작과 1번 거리측정소를 담당하던 수병들 전원이 사망했다(전투 후에 거리측정기 위에 떨어진 니드로 백작의 한쪽 팔이 발견되었다). 이후 포탄이 순양함 《바략》에 명중되는 횟수가 더 잦아졌으며, 순양함까지 미치지 못한 포탄들은 파편들을 퍼부으며 상부구조물과 보트를 파괴했다. 그 다음에 발포된 일본군의 포탄은 3번 6인치 포를 격추시켰고, 그로 인해 이 함포를 담당하던 포요원 전원과 포탄을 나르던 수병들이 죽거나 다쳤다. 구보닌 소위는 중상을 입었으나 지쳐 쓰러지기 직전까지도 치료를 거부한 채 소대를 지휘하였다. 쉬지 않고 계속 퍼붓는 포탄들로 인해 화재가 발생했다. 평가관 체르니롭스키-소콜 소위가 화재를 진압했으나 포탄 파편으로 인해 그의 제복은 갈기갈기 찢겨졌다. 6인치 포 7번과 9번, 75mm포 21번, 47mm포 27번과 28번이 파손되었다. 전투 돛대 망루는 거의 다 날아가 버리고 2번 거리측정소도 파괴되었으며 31번과 32번 함포 또한 격추되었다. 철갑판 위에 놓여있던 나무상자에 화재가 났으나 곧 진화되었다. 팔미도를 지날 때 포탄 한 발이 날아와 연돌을 명중시키며 산산조각냈다. 이 연돌에는 《바략》의 모든 조종장치가 연결되어 있었다. 그와 동시에 다른 포탄 파편들도 전투정보실로 날아들었고, 파편에 맞은 함장은 머리에 타박상을 입었고 함장 양편에 서 있던 나팔수와 고수는 그 자리에서 사망했다. 근처에 서 있던 조타장은 등에 부상을 입었으며(조타장은 부상당한 것을 알리지 않고 전투 내내 자기 임무를 다했다) 함장 전령수는 팔을 다쳤다. 조종장치가 고장나서 후타실에 있던 타기로 조종해야 했다. 발포시 굉음 때문에 후타실에서는 명령이 잘 들리지 않았고 《바략》 전체가 제대로 작동되지 않았지만, 그래도 조종해야 했다.

12시 15분, 조종장치를 수리하고 화재를 진화하기 위해 잠시 사정권 밖으로 벗어나고자 기관을 이리저리 움직여 보았다. 그러나 《바략》은 조종한 대로 움직이지 않았다. 마침 팔미도 근처에서 두 개의 기관을 작동해 후진했다(타륜을 왼편 전타한 상태에서 조종장치가 고장났기 때문에 《바략》은 계속 왼쪽방향으로 돌아갔다). 그러나 《바략》은 적들에게 좌현이 노출된 채로 저속으로 회전하였기 때문에, 일본은 더욱 거세게 《바

순양함《바략》(1955년, 그림-P. T. 말쵸프)

략》을 공격하였고 포탄에 명중되는 횟수도 점점 더 늘어났다.

　바로 그때 좌현 수면하 선체에 구멍이 나서 세 번째 보일러실의 1/3이 물에 잠겼고, 물은 연소실까지 차올랐다. 헝겊으로 구멍을 막고 물을 퍼내기 시작하자 수위(水位)가 어느 정도 낮아졌다. 그럼에도 불구하고 순양함은 빠른 속도로 기울고 있었다. 장교 숙소를 통과하며 날아든 포탄 때문에 장교 숙소가 박살났고 갑판이 뚫어졌으며, 식량창고에 있던 밀가루가 모두 불타버렸다(체르니롭스키-소콜 소위와 하리콥스키 선임 갑판장이 화재를 진화했다). 다른 포탄은 의무실 위쪽 중앙갑판에 있던 의료용 네트를 파괴했고, 이 파편들이 의무실로 튀어 네트에 불이 났으나 곧바로 진화되었다. 순양함《바략》은 피해가 너무 심각해서 빨리 사정권에서 벗어나야 했다. 그래서 좌현포와 함미포를 계속 발포하면서 속력을 최대한으로 높였다.

　7번 6인치 포에서 발포한 포탄 한 발이 순양함《아사마》의 함미 함교를 파괴하였으며 그곳에 불이 났다. 이 때문에《아사마》는 잠시 동안 발포를 중지하였으나 곧 재개했다. 전투가 끝날 때까지 《아사마》의 함미 함교 쪽에서 더는 발포하지 않았던 것으로 보아, 아마도 함미 함교가 파손된 것이 분명했다. 일본군은 정박지 근처에서 자신들이 쏜 포탄이 외국 군함들을 위험하게 만들 수도 있다고 판단한 후에야 발포를 멈추었다. 우리를 추격하던 순양함들 중 한 척이 팔미도 뒤에 위치한 연합 함대로 돌아갔다. 적과의 거리가 확연히 벌어져서 포격을 해봐야 소용이 없었다. 결국 12시 45분에 포격이 멈추었다.

오후 1시에 순양함 《탈보트》 근처에 닻을 내리고 《바략》의 피해 현황을 검사하고 파손된 것을 수리했다. 구멍난 곳에 헝겊을 덧대었다. 또한 오후 4시에 일본 연합 함대가 정박지를 다시 공격할 것에 대비하여, 남아 있는 승조원들을 무기별로 재배치했다. 순양함 《바략》을 검사한 결과, 앞에 열거한 피해 상황 외에 다음과 같은 피해가 더 있었다: 47mm포 전체가 고장났고, 6인치 포 5문도 여러 형태로 파손되었으며 75mm포 7문은 복좌기와 압축기가 파괴되었다. 세 번째 연돌의 제일 윗쪽 굴곡부가 붕괴되었고, 통풍기와 보트 전체에 구멍이 나 있었다. 상층갑판이 뚫려 있는 곳도 있었고, 함장실은 붕괴되었으며 돛대 망루 또한 파손되었다. 수면하 선체에서는 다양한 크기의 구멍 4개가 발견되었고, 그 외에 다른 피해들도 많았다.

모든 외국 군함들이(위험을 피하기 위해) 정박지를 떠날 준비를 하였으나, 그 와중에도 모두들 부상자들을 응급처치 할 군의관들과 위생병들을 즉시 《바략》으로 보내주었다.

제물포해전 중에 일본군의 공격을 받고 있는 《바략》

제물포해전 이후 《바략》의 수병들을 외국 군함들로 후송하고 있다. 왼쪽부터 《탈보트》, 《바략》, 《파스칼》 그리고 《엘바》 (사진−L. 두나)

순양함 《바략》을 살펴본 결과 이 상태로 다시 전투에 임하는 것은 거의 불가능해 보였다. 그렇다고 쓰러져가는 《바략》을 적들에게 승리의 전리품으로 내어줄 수도 없었다. 이 문제를 논의하기 위해 전체 장교 회의가 소집되었고, 결국 부상자들과 남은 승조원들을 외국 군함으로 후송하고 순양함 《바략》을 수장하기로 결정했다. 외국 군함들은 《바략》의 승조원들을 수용해 달라는 나의 요청을 받아들였다. 《바략》의 부상자들과 승조원들은 외국 군함들이 보내준 단정에 실려 후송되었다. 프랑스 순양함 《파스칼》 함장인 세네 중령은 《바략》을 직접 방문하여 부상자들과 승조원들의 후송을 도왔다.

한 시간 남짓 계속된 전투에서 《바략》 함장은 머리에 타박상을 입었으며, 장교 3명이 부상당했다(구보닌 소위는 중상을 입었고, 로보다 소위와 발크 소위는 경상을 입었다). 70명의 하사가 중상을 입었고, 니드로 백작과 하사 33명이 사망했다.

승조원들이 순양함을 떠난 후, 선임 선창 기계기사는 격실 담당자들과 함께 밸브와 배수용 급수판을 열어놓고 순양함을 떠났다. 외국 함장들이 자국 군함에 위험하다는 이유로 순양함 《바략》 폭파에 반대하는 성명서를 발표하였기 때문에 순양함을 수장시킬 수밖에 없었다. 마침 순양함은 이미 가라앉고 있었다. 함장은 선임 갑판장과 함께 배 안에 아무도 없는지 다시 한 번 확인한 후, 3시 40분에 마지막으로 《바략》을 떠났다. 《파스칼》 함장을 태운 프랑스 보트는 트랩 근처에서 《바략》 함장과 선

《바랴》을 묘사한 그림

임 갑판장을 기다리다가 그들을 태우고 떠났다. 순양함에 물이 점점 차오르고 선체가 계속해서 좌현으로 기울어지더니, 오후 6시 10분에 물 속으로 가라앉아 버렸다. 세 군함(프랑스 순양함《파스칼》, 영국 순양함《탈보트》, 이탈리아 순양함《엘바》) 함장들은《바랴》의 부상자들과 승조원들을 각 군함에 몇 명씩 배정할 것인가를 결정했다. 미국 정찰함《빅스버그》는 응급처치를 위해 군의관을 보내기는 했으나, 자국으로부터 허가를 받지 못했다는 이유로《바랴》의 승조원 수용을 거절했다. 함장들의 성명서에 따라 오후 4시까지 후송을 완료해야만 했다. 그러나 부상자 후송에 너무 많은 시간을 지체했기 때문에 남은 승조원들의 후송을 서둘러야 했다. 급한대로 항해일지를 가져왔고 승조원들도 각자 작은 트렁크를 챙겨 이동했으나, 장교들은 부상자 수송과 그 외 임무를 수행하느라 소지품을 하나도 가지고 나오지 못했다.

전투과정을 지켜본 이탈리아 장교들과 일본 연합 함대를 다녀온 영국 기선의 승조원들은 순양함《아사마》에 심각한 화재가 났으며 함미 함교가 붕괴된 것을 보았다고 주장했다. 나중에 확인된 바에 따르면 순양함《아사마》의 연돌 사이가 폭발했고, 일본 어뢰정 한 척도 침몰되었다고 한다. 소문에 의하면 일본은 사망자 30명과 다수의 부상자들을 아산만으로 후송했다고 한다.

일본 공사는 정부의 지시에 따라 프랑스 공사에게 다음과 같은 내용을 통보했다: 프랑스가 러시아 장교들과 승조원들을 상하이 이북으로 진입하지 못하게 하여, 전쟁

뚤라에 있는 V. F. 루드네프 동상(조각 - A. 오니쉔크)

에 참여하지 않도록 하겠다고 약속함과[2] 동시에, 이들을 상하이로 이송하겠다고 결정을 내린 것에 대해서 일본 정부는 대단히 만족하고 있다. 다음 날 프랑스 정부는 《파스칼》에 수용된 러시아 승조원들을 즉시 사이공으로 보내라고 통보했다. 영국 정부 또한 《탈보트》에 수용된 러시아 승조원들을 싱가포르와 콜롬보로 보내기로 결정했다. 그러나 이탈리아 정부는 《탈보트》가 제물포를 떠날때까지도 순양함 《엘바》에 있는 러시아 승조원들을 어떻게 할 것인지 결정하지 못했다.

나와 《바략》의 장교 3명·관리 3명·승조원 일부, 《카레예츠》의 승조원 전체, 철갑선 《세바스토폴》의 경계병들 그리고 공사관을 경호하던 카작인들은 2월 3~16일에 《파

---

2) 일본은 제물포해전에 참전했던 러시아 해군이 당시 러일전쟁의 격전지였던 여순에 편입될 것을 염려했기 때문에, 프랑스와 협의할 때 러시아 해군들을 상하이 이북으로 진입하지 않게 하겠다는 조건을 붙이도록 한 것으로 보인다(각주 - 번역자).

스칼》을 타고 제물포항을 떠났다.

헌신적이고 용맹스럽게 임무를 완성한 장교들과 승조원들에게 포상해줄 것을 청원하는 바이다. 상하이에서 입수한 정보에 따르면 일본군의 인적 피해과 군함 피해도 막대하다고 한다. 특히 선거로 들어간 순양함 《아사마》의 피해가 컸다. 《타카치호》도 선체에 구멍이 나는 피해를 입었다. 순양함 《타카치호》는 부상병 200여 명을 싣고 사세보로 출항하였으나, 가는 도중에 구멍을 막은 헝겊이 터지자 격벽이 버티지 못하고 바다로 가라앉고 말았다. 어뢰정은 전투 도중에 침몰하였다.

위의 내용을 보고하면서, 내가 지휘한 군함들이(《바략》, 《카레예츠》-번역자) 러시아의 명예를 지켰으며 모든 방법을 동원해 적진을 돌파하였고, 일본이 승리하지 못하게 하고 그들에게 타격을 주었으며, 남은 승조원들을 구조했다는 사실을 보고하지 않을 수 없다.

1급 순양함 《바략》 함장 루드네프 대령의 서명

*자료 출처: 러일전쟁. 문서. 제3편. 제1태평양 함대. 제1권. 남해 전장에서의 전투. 제1부. 스타르크 중장의 함대 지휘 시기. 해군 사령부 산하 1904~1905년 해군전투기록역사위원회 발행. 상트페테르부르크, 1911, 152~154쪽.

V. F. 루드네프와 두 아들-게오르기, 니콜라이(1899년)

포함《카레예츠》함장이 1급 순양함《바략》함장에게 보낸 보고서

1904년 1월 27일 № 2

포함《카레예츠》함장 G. P. 벨랴예프 중령(1857~1907)

포함《카레예츠》(기념우편엽서)

포함《카레예츠》의 승조원들

1월 27일 오전 8시 30분, 함장님의 신호를 받고 1급 순양함《바략》으로 건너갔습니다. 본인은 정박지에 있던 외국 함대 함장들이 함장님에게 전해준 일본 제독의 편지를 통해 일본과의 전쟁이 선포되었음을 알게 되었습니다. 적진을 돌파하겠다는 우리 측 결정에 따라 전투준비를 시작했습니다. 선임 장교 및 그 외 장교들의 지도하에 승조원들은 선창, 사항(斜桁), 앞 돛대 큰 돛의 중앙 돛대와 그로트의 중앙 돛대, 외측 가름대, 트랩과 그 밖에 나무로 된 물건들을 바다로 던졌습니다. 진료실과 본인 숙소는 이미 어제 전투구호소로 바꾸어 놓았습니다.

오전 10시에 승조원들이 점심식사를 했습니다. 오전 11시 20분, 함장님의 신호에 따라 닻을 올리고, 함장님이 지휘하는 1급 순양함《바략》을 따라 출항했습니다. 얼마간《바략》을 앞지르다가, 오전 11시 45분, 평균 속력을 유지한 상태에서 우현 8인치 포를 발사하며 일본 연합 함대의 포격에 대응사격을 하였습니다. 1급 순양함《바략》이 우리를《카레예츠》-번역자) 추월하자,《바략》과 근거리를 유지하기 위해 속력을

제물포해전 묘사

제물포해전으로 파손된《바략》의 수병들을 후송하기 위해 프랑스, 이탈리아, 영국 등
외국 함대의 보트들이《바략》에게 다가가는 모습 묘사.

최대한으로 높였습니다. 포탄이 적함까지 미치지 못하자 포술장교인 스테빠노프 중
위(8번째 스테빠노프)[3]가 다음과 같이 보고하였습니다: 이렇게 먼 거리에서 포격을 계
속하면 적이 근접했을 때 포탄이 부족할까봐 염려되며, 또한 포탄이 적함에 미치지
못하면 적의 사기가 높아지기 때문에 이를 방지하기 위해서라도 포격을 잠시 중단할
것을 제안합니다. 적과의 거리가 점점 근접해지자 폭뢰를 장착한 함수포와 퇴각포를
발포하며 공격을 재개했습니다. 팔미도를 지날 때, '우현으로 선회하라'는 함장님의
신호를 보았습니다. 그러나《바략》과《카레예츠》가 적의 조준선에 들어가는 것을 피
하고자, 그리고《바략》의 키가 고장난 것 같아서 속력을 최대한 줄이며 '키를 오른편
으로 돌릴 것', '270도 선회할 것'을 명령했습니다. 그러는 동안 8인치 추격포 2문과 6

---

3) 당시 '스테빠노프'라는 성이 흔했는데,《카레예츠》에도 최소한 8명 이상의 스테빠노프가 있었던 것으로 보인다(각
   주 - 번역자).

전투를 마치고 돌아오는《카레예츠》

인치 퇴각포 1문으로 포격을 계속하였고, 동시에 9푼트 함포를 세 번 발사하였으나
대부분이 적함까지 미치지 못해서 사격을 중단했습니다. 1급 순양함《바략》을 따라
12시 15분에 정박지 쪽으로 방향을 돌렸습니다. 방향을 돌리면서도 포격은 멈추지
않았습니다. 처음에는 좌현 8인치 포와 6인치 포로 발포하였고, 나중에는 6인치 포만
발포했습니다. 12시 45분에 일본 연합 함대와 동시에 포격을 중지하였습니다. 일본 연
합 함대는 팔미도 뒤편에서 언제든 출항할 수 있도록 만반의 준비를 갖추고 있었습니
다. 한 시간 가량의 전투가 진행되는 동안 제가 지휘하던 포함《카레예츠》는 포탄을
한 대도 맞지 않았습니다. 3발은《카레예츠》까지 미치지 못하였고 나머지는 모두《카
레예츠》를 지나 멀리 날아가 떨어졌습니다. 오후 1시에 제물포 정박지에 닻을 내렸습
니다. 닻을 내리면서 살펴보니 적의 포탄 파편으로 인해《카레예츠》의 앞머리 충각(衝
角) 홀수선(吃水線) 위에 1푼트[4]의 구멍이 나 있었습니다. 오후 3시에 일본 분함대가
팔미도로 접근했습니다. 본인은 사격경보를 울리고 전투준비를 하였습니다.

---

4) 푸트: 피트(영국 또는 m법 이전에 러시아의 길이의 단위, 1푸트 = 0.305m)

26. *Раненные русскie матросы съ крейсера „Варягъ" наИтальянскомъ суднѣ „Эльба"*

《바략》에서 이탈리아 군함《엘바》로 후송된 러시아 수병들의 모습 묘사(기념우편엽서)

오후 3시 15분, 함장님이 보낸 발크 소위는《바략》의 부상자들과 승조원들을 먼저 외국 군함으로 후송한 후에 1급 순양함《바략》을 파괴할 것이라는 함장님의 결정을 제게 전했습니다. 그 후 저는《카레예츠》의 장교들을 소집하여 함장님의 결정을 전 달하고,《카레예츠》에 대한 제 계획을 말했습니다. 다음과 같은 내용의 계획은 만장 일치로 채택되었습니다: 30분 후에 시작될 전투는 일본에 비해 전세가 불리하여 헛 되이 유혈사태만 불러일으킬 것이며, 적에게 타격을 가하지도 못하면서 우리 승조원 전원을 죽음에 이르게 할 수도 있다. 그래서 승조원들을 외국 군함으로 후송해야 한 다. 또한 일본 연합 함대가 다시 공격하기까지 시간이 얼마 남지 않았고, 보트의 공 간도 한정되어 있으니 개인물품을 가져오는 것은 금지한다.

이 같은 지시를 내리는 동안 포탄저장고 두 곳을 폭파하기 위한 최종준비를 하였 습니다.

기름을 묻힌 헝겊을 탄약통으로 둘러싼 후에, 봉화에 연결한 갈리바니 파이프에 불을 붙였고 15분만에 봉화에 불이 붙어《카레예츠》를 폭파시켰습니다.《카레예츠》 폭파 임무는 지원자 중에 다음의 인물에게 맡겼습니다: 레비츠키 대위, 부트레로프 소위, 하급 기계기사 프랑크, 갑판장 소프로노프, 1등 포탄보급관 바가노프, 1등 어

《카레예츠》의 하급 기계기사 I. L. 프란크

뢰보급관 에메리야노프. 그리고 1등 수병인 디야치코프와 2등 행정장 그라주노프에게는 구명보트를 내리라고 명령했습니다. 오후 3시 35분, 폭파 지원자들은 비리례프 소위가 지휘하는 4인조 보트를 타고 출발했습니다.

오후 4시 5분에 2~3초 간격으로 폭발이 두 번 연달아 일어났습니다. 《카레예츠》는 가라앉았고 함수 부분이 선체에서 분리되어 뒤집어졌으며 함미 일부가 파손되었습니다. 이 폭발로 전(全) 구경 함포들이 파괴되었고, 암호, 비밀명령, 종이, 지도, 신호표, 암호책도 소각되었습니다. 성상(聖像) 2개, 황제의 칙서, 은색의 성(聖)게오르기 뿔, 돈, 항해일지와 회계보고서는 보트 두 대에 실었습니다. 프랑스 순양함 《파스칼》 근처에 접근했을 때, 보트에 실었던 총기들을 바다에 버리라는 명령이 하달되었습니다. 장교들도 승조원들과 마찬가지로 소지품을 챙기지 못한 채 이동했습니다. 저는 중국동부철도기선회사와 합의하여 《숭가리》 선장에게 보일러를 파괴

仁川祝日紀念
EXPLOSION OF THE KORIETZ 《明治三十七二月九日後午四時半》 コレーツ爆發

《카레예츠》 폭파 순간(일본에서 발행한 우편엽서)

하여 배를 가라앉게 하라고 명령했습니다.《숭가리》의 급수용판을 열자 불이 나기 시작했습니다.《숭가리》는 밤이 되서야 바닷속으로 가라앉았습니다.

함장님께 위의 사실을 보고하면서,《카레예츠》 폭파에 지명된 이들이 목숨을 걸고 주어진 임무를 훌륭히 완수한 사실에 주목해 주시기를 요청합니다. 선임장교로부터 하급 수병에 이르기까지 모두들 놀라울 정도로 침착하게 전투에 임했으며, 평소 훈련에 임하는 것처럼 목표물에 발포하듯이 발포했습니다. 모두들 자신의 의무를 훌륭히 수행했습니다.

포함《카레예츠》가 폭파되는 모습

벨랴예프 중령의 서명

*자료 출처: 러일전쟁. 문서. 제3편. 제1태평양 함대. 제1권. 남해 전장에서의 전투. 제1부. 스타르크 중장의 함대 지휘 시기. 해군 사령부 산하 1904~1905년 해군전투기록역사위원회 발행. 상트페테르부르크, 1911, 152~154쪽.

부록 Ⅲ

1급 순양함《바랴》 함장과 장교들의 증언록

1904년 1월 27일

1급 순양함《바랴》의 기념우편서

　아래에 서명한 승조원 일동은 다음 내용을 증언하는 바입니다: 1월 27일에 일본군과 한 시간여의 전투 끝에 선체 파손된 부분을 수리하고 전투를 재개하고자 정박지로 돌아왔습니다. 그러나 순양함을 자체적으로 수리할 수 없다고 판단하여 침몰시키기로 결정했습니다. 만약 이렇게 하지 않았다면 오후 4시에 정박지를 공격하겠다고 위협하던 적들이 순양함을 탈취하여 손쉽게 승리를 거머쥐었을 것입니다. 이 같은 판단에 따라 전체 장교회의에서는 순양함을 침몰하기로 결정했습니다. 부상자들과 승조원들을 후송한 후에 급수용판을 열었고, 6시 10분에 순양함이 수장되었습니다.

서명

선창 기계기사 솔다다토프

선임 기계기사 레이코프

에이레르 소위

로보다 소위

평가관 체르니롭스키-소콜 소위

포지휘자 쉴링그 소위

선임 조타장교 벨렌스 중위

선임 포술장교 자루바예프 중위

선임 어뢰지휘 장교 베르린그 중위

1급 순양함 함장 V. F. 루드네프 대령

*자료 출처: 러시아국립 해군성문서보관소 문서군 763, 목록 1, 문서철 80, 34쪽.

제물포해전에서 일본군의 공격을 받고 있는《바략》

《바략》의 부상병들을 프랑스 순양함《파스칼》로 후송하는 모습(사진-E. M. Prigent)

어뢰정《바라노프 대위》함장[5]이 러일전쟁 해군 전투 기록위원회 대표에게 보낸 서신

1909년 5월 1일 № 170

《바략》의 선임장교 V. V. 스테빠노프(1860~1931)

위원회가 각하에게 위임한 질문에 대한 답을 제출합니다.

1904년 1월 27일, 제물포해전이 시작되었을 때 저는 함장 V. F. 루드네프 대령이 있는 전투정보실로 갔습니다. 루드네프 대령은 현재 상황이 어떤지 물었습니다. 적의 병력은 이미 파악되었습니다. 저는 제물포를 떠나 바다로 돌파할 것을 제안했습니다. 전투정보실에 있던 장교 전원이 제 의견을 지지했습니다. 그러나 조종장치가 파손되어 계획을 수정할 수밖에 없었고, 함장은 적의 사정거리에서 벗어나 선체의 파손된 부분을 수리하기 위해 정박지로 돌아간 것으로 생각됩니다.

일본과의 전투 후에 V. F. 루드네프 대령은 순양함《바략》을 제물포 정박지에 정박시켰습니다. 루드네프 대령은 정박지 최연장자인 순양함《탈보트》의 베일리 함장과 함께 프랑스 보트를 타고《탈보트》로 가면서 전투과정에서 입은 피해상황을 설명했습니다. 루드네프 함장은《탈보트》에서 돌아온 후에 순양함《바략》을 수장시키고 승조원들을 정박지의 외국 군함으로 후송시킬 것이라고 통보했습니다. 함장은《탈보트》로 가기 전까지만 해도 회의를 소집하지 않았고 회의 소집에 관해서도 언급하지 않았습니다. 저는 V. F. 루드네프 대령이 어떤 방식으로 장교들에게 결정사항을 통보했는지 모릅니다. 당시 저는 회의에 참석하라는 제안을 받지 않았습니다. 저는 순양함《바략》이 적의 사정권에서 벗어났을 때부터 적과의 새로운 조우를(전투를-번역자) 준비하라는 명령에 따라 전투준비를 하느라 바빴습니다.

---

5) 제물포해전 당시《바략》의 선임장교였던 V. V. 스테빠노프는 이 보고서를 작성할 당시인 1909년에는 어뢰정《바라노프 대위》의 함장이었다(각주-번역자).

우리가 직접 순양함《바략》을 수장시켜야 한다는 결정은 예상치 못한 것이었습니다. 승조원들을 외국 군함 함대로 후송해야 하니 집합시키라는 명령은 함장으로부터 직접 들었습니다.

스테빠노프 중령

*자료 출처: 러시아국립 해군성문서보관소 문서군 417, 목록 4, 문서철 6441, 37쪽.

제물포해전에서 일본 연합
함대의 공격을 받고 있는《바략》

《바략》의 장교들. 상트페테르
부르크 시(市)참사회에서 열
린 환영회에 참석한 직후. 1열
왼쪽 끝에 V. V. 스테빠노프
중령과 그 옆에 V. F. 루드네
프 대령

부록 V

제2분함대 사령관 우리우가 2월 9일에 벌어진 인천해전에 관해 해군상에게 보고한 전보(電報)[6]

일본 연합 함대 지휘관인
C. 우리우 제독(1857~1937)

　　2월 9일 12시에 러시아 군함《바략》과《카레예츠》가 인천을 출항하였고, 팔미도 동쪽에 있던 우리 부대는 팔미도 서쪽 방향을 향해 진격하며 그들을 공격하였다. 35분 후에 그들은 반대쪽으로 방향을 바꾸어 인천으로 도망갔고, 우리 부대는 이전에 정박했던 장소로 돌아갔다. 전투 중에《바략》은 8인치 속사포 포탄 3발과 15cm 속사포 포탄 7발을 맞아서 함미 함교 부분이 심하게 파손되고, 함미 부분에 큰 화재가 나는 등 막대한 피해를 입었다. 그런 상태에도 불구하고《바략》과《카레예츠》는 계속 기동하고 있었다. 전투에서《아사마》,《치오다》,《나니바》,《니이타가》가 가장 큰 공헌을 하였다. 파손된 군함은 없었으며 사상자도 발생하지 않았다. 장병들의 사기는 드높았다.

　16시 30분에 인천에서 강력한 폭발이 목격되었는데, 정찰하러 간《아오타카》와《마나주루》는《카레예츠》가 폭파된 것이라고 보고하였다. 현재 2척의 러시아 군함은《바략》과《카레예츠》-번역자) 파괴되어 가라앉았고,《숭가리》도 비슷한 처지에 놓여 있다.

　우리 함대는 팔미도 근처에 정박해 있으며 내일 아침에 아산만으로 출항할 것이다. 아산만에 해군 주력 함대가 도착할 것으로 예상된다.《치하야》는 현재 아산만에 있다.

1904년 2월 10일 00시 15분에 인천에서 발송.

1904년 2월 10일 03시 15분에 토교에 있는 해군성에서 수신.

*자료 출처:『해군활동』№ 10, 모스크바, 2007년, 30쪽.

---

6) 부록 V에서 언급된 날짜는 양력.

순양함《나니바》(사진-S. Fukui, Kure, Maritime Museum)

제물포 전경

부록 VI

2월 9일에 팔미도 근처에서 《바략》·《카레예츠》와 전투를 치른
우리우 연합 함대의 전투 기록[7]

I. 《아사마》와 《치오다》의 전투 기록

《아사마》 함장 야시로 로쿠로 대령이 메이지 37년 2월 11일에 제출한 인천해전(2월 9일)에 관한 보고서

1. 전쟁 이전 상황

2월 8일에 상륙군을 엄호하라는 임무를 완수했다. 필립(Philip)섬에서 북쪽으로 1마일 떨어진 곳에서 멈추었다. 2월 9일 11시 55분, 《바략》과 《카레예츠》는 제물포 정박지를 떠난 후 정박지 경계 밖으로 모습을 드러냈다. 닻을 올린 후 재빨리 이동하며 전투 경보를 울렸다. 포격할 준비를 하며(러시아 군함들이─번역자) 사정거리 안으로 들어오기를 기다렸다.

《바략》에서 전투 깃발을 올렸다. 12시 20분에(적함과의 거리가─번역자) 7,000m까지 좁혀지자 우리《아사마》─번역자)는 8인치 포를 발사하기 시작했고, 그 다음에는 좌현 포를 발사하였다. 적이 즉시 대응사격을 하였다.

2. 전투 직전 《아사마》와 적함의 태세

전투 시작 전, 《바략》이 선두에 서고 《카레예츠》는 《바략》의 좌현에서 이동하였으나, 전투가 시작되자 《카레예츠》는 《바략》의 우현으로 이동하였다. 이때 우리는 남서쪽으로 향하였고, 적함은 좌현 함미방향에 위치하고 있었다.

---

7) 부록 VI에서 언급된 날짜는 양력.

영국에서 시항 중인 장갑함《아사마》(1899년)

3. 전투 지점

전투는 인천항 경계 너머 팔미도에서 2마일 떨어진 지점에서 시작되었고, 그곳에서 종료되었다.

4. 기후조건

약한 남동풍/무풍. 전투 지역은 군함을 조종하기 어렵고 일정한 항로를 유지할 수 없을 만큼 급류가 흐르고 있었다.

5. 전황(戰況) 및 전투 시 기동·명령·신호

5.1. 12시 20분부터 전투가 끝날 때까지 적함은 좌현 함미 조준 방향에 있었다. 우리는 남서쪽 방향으로 항해했으며, 적함과의 거리가 벌어지지는 않았으나 함수 8인치 포로 포격하기에는 역부족이었다. 오른쪽으로 선회한 후, 우현포를 발포했다.

5.2. 12시 35분에 6,800m 거리에서 발사한 8인치 포탄이 적의 함미 함교 부분을

격파하자, 그곳에 바로 큰 불이 났다.

5.3. 12시 41분에 6,300m 거리에서 발사한 8인치 포탄이 함수 함교와 연돌 사이를 명중했고, 6인치 포탄 3~4발은《바략》의 중앙 부분에 명중되었다.

5.4. 12시 45분에 8인치 포탄은 함미 함교 뒤편 갑판에 떨어졌다. 이 때문에 큰 화재가 발생하였고 앞 돛대는 우현 쪽으로 축 늘어졌다. 《바략》은 포화 속에서 벗어나 화재를 진압하기 위해 바로 방향을 바꾸고 속력을 높여 팔미도 뒤편으로 이동했다. 그때《카레예츠》는 팔미도 북쪽으로 이동하며 포격을 계속했다.

5.5. 13시 6분에《바략》은 왼쪽으로 선회하며 발포를 재개하였고, 그 후에는 항

거리측정기 모델 F2A(사진-러일전쟁 앨범)

로를 바꾸어 정박지로 퇴각하기 시작했다. 그 순간 '추격하라!'는 신호기(信號旗)를 보고 항로를 바꾸어 적을 추격했다.

6. 전투 종료 시각

13시 15분에 적함들은 제물포 정박지로 진입하였고, 외국 군함들 사이에 정지했다. 우리는 포격을 멈추었다. 그때 '전체소집'이라는 신호와 함께 기함으로부터 전보를 받아서 반대쪽으로 방향을 돌려 기함이 정박해 있는 곳으로 향했다. 가는 길에 우리 측 공격때문에《바략》에서 떨어져 나간 탄약, 수병들의 군모, 나무로 된 여러 물건이 바다 위에 떠다니는 것을 목격했다.

7. 사격 결과

7.1. 전투 중에 여러 종류의 사격 방식을 이용하였으나, 직사(直射) 방식을 가장 많이 사용했다. 사격거리는 최소 4,800m, 최대 7,000m였다. 최소 거리에서는 12푼트의 포탄을 몇 차례 발사했다.

7.2. 사격의 효율성을 확실히 보증할 수는 없지만, 8인치 포탄 3발과 6인치 포탄 6발은 분명히 명중했다. 8인치 포탄 한 발은 적함에 큰 화재를 일으켰고, 적함은 달아날 수밖에 없었다.

8. 전투 결과

8.1. 전투 중에 《바략》은 우리 측 포탄들에 명중되어 심각하게 파손되었다. 오후 5시에 《바략》에 불이 났고 저녁에 바닷속으로 가라앉았다.

8.2. 16시 30분에 《카레예츠》의 저장고가 폭발하여 불타고 있었다. 거대한 흰 연기 기둥이 하늘로 솟아 올랐고 《카레예츠》가 침몰되었다.

우리우 연합 함대에서 가장 강력한 군함인 《아사마》(사진−S. Fukui Kure, Maritime Museum)

9. 속력

전투 시 동력은 분당 105회 회전하였고, 속력은 15노트였다.

10. 사상자 및 군함 파손

전투 시 포탄이 명중되지 않아서, 파손된 군함이나 사상자는 없었다.

11. 예비탄약 소비량

	아름스트론그 8인치 속사포	아름스트론그 6인치 속사포	아름스트론그 12푼트 속사포	고치티스 47mm포
기뢰포탄	27	103	9	0
탄약	27	105	9	
이드주인 기폭장치 유형 1	27	105		
이드주인 기폭장치 유형 2			9	0
전기신관	30	116	9	
타격신관		25		0
비 고	전기신관이 정지되어 기폭장치만 3번 작동함	탄약 두 발이 폭발이 지연되어 바다에 버림		

12. 승조원들의 태도

전투 중에 승조원들은 차분하게 처신하였고, 높은 수준의 전투능력을 보여주었다.

13. 기계 상태

전투 중에 파손되거나 고장난 것은 없었다.

14. 소견 및 제안

전투는 빨리 종료되었으며, 우리는 적의 포탄에 한 발도 명중되지 않았다. '시모새' 폭발물을 장착한 포탄이 엄청난 폭발력을 지니고 있음을 목격하였으며, 이를 고려하여 앞으로 군함 구조를 변경할 것을 건의한다.

일본 수병들이 120mm포로 발포하고 있다(사진-러일전쟁 앨범).

《치오다》함장 무라카미 카쿠이치 대령이 메이지 37년 2월 9일에 제출한 인천해전(2월 9일)에 관한 보고서

2월 9일 8시 30분, 제물포 정박지를 떠나 10시 30분에 필립섬 근처에 있던 제4전투전대에 합세한 후, 함대사령관이 지정한 지점에 정지했다. 당시《아사마》는 우리《치오다》-번역자)와 팔미도 사이에 위치했고, 기함·《니이타카》·《타카치호》·《아카시》는 우리 오른편에 멈춰 서 있었다. 10시 53분에 나는 명령에 따라 기함으로 건너갔다. 12시 05분,《치오다》가《카레예츠》와《바략》이 제물포 정박지를 빠져나간 사실을 알아내서 기함에 신호를 보냈다.

12시 13분,《치오다》는 좌현에서 경보를 울리고 포격을 준비하며 닻을 올리기 시작했다. 나는 즉시 기함에서《치오다》로 복귀했다. 증기보트를 위로 올리고 출정준비를 했다. 전투 경보를 울리고 12시 22분, 전투 깃발을 게양했다.《아사마》는 이미 이동하기 시작해 적함인《바략》을 향해 발포했다. 이때 적함과의 거리는 8,000m였다. 12시 25분, 닻을 올리고 기동하기 시작했다. 12시 30분,《아사마》항로로 진입하라는 명령을 받은 후 남쪽으로 이동했다.

12시 35분, 함수와 함미의 12cm포와 좌현의 12cm포로 발포했다. 이때《바략》과의 거리는 6,000m였으나 그 후에 4,800m까지 좁혀졌다.

전쟁에 참여하기 전, 다른 색으로 도색된 순양함《치오다》(사진 - S. Fukui Kure, Maritime Museum)

12시 40분, 우리와 적함《카레예츠》와의 거리가 5,300m가 되었을 때,《카레예츠》를 향해 12cm포를 집중 포격하였다.《카레예츠》에 화재가 발생한 것으로 추정되었다. 12시 46분,《카레예츠》는 오른쪽으로 선회하여 북쪽으로 이동했다. 이때 우리가 잠시 동안 적에게 우현을 노출하였지만, 발포하기에는 거리가 너무 멀었다. 우리는 발포를 멈추었다.

12시 48분에《아사마》는 함대사령관의 명령에 따라 적을 추격하기 위해 북쪽으로 향하며 속력을 높였다. 그 전까지 20분 동안 우리는 15노트로《아사마》의 함미 우현에서 뒤따르고 있었다. 기관실에는 문제가 없었으나 연돌이 과열되었다. 게다가 당시《바랴》은 함미 부분에 불이 나서《카레예츠》와 함께 제물포 정박지로 돌아가고 있었기 때문에, 그들과 우리 군함과의 거리가 점점 더 벌어져서 12cm포를 발포해봐야 아무 소용이 없었다.

《아사마》을 뒤따르는 것이 힘들어지자 13시 10분에 나는 이러한 상황을 기함에 알렸다. 함대사령관의 명령에 따라 우리는 《나니바》와 《니이타카》의 종열진 끝에 섰다. 13시 20분에 전투 경보를 해제했고, 13시 21분에 전투 깃발을 내렸다. 14시 02분, 함대사령관이 지정한 곳에 정지했다.

전투과정에서 승조원 전원이 한 치의 두려움 없이 임무를 수행했고, 사기 또한 드높았다. 우리 군함 근처에 적의 포탄이 많이 떨어지기는 했지만, 하나도 명중하지 못했다. 사상자는 없었고, 선체·보일러·증기기관·무기도 파손되지 않았다.

II. 《나니바》와 《니이타카》의 전투 기록

《나니바》 함장 와다 켄수케 대령이 메이지 37년 2월 9일에 제출한 인천해전(2월 9일)에 관한 보고서

2월 9일 12시 20분에 제물포만의 필립섬 근처에 정박해 있다가 《바략》이 《카레예츠》와 함께 정박지를 떠났다는 기함의 신호를 보고, 전투 경보를 울리고 닻을 올린 후에 바로 전투 깃발을 게양했다.

12시 22분에 《아사마》가 함수 8인치 포를 발사하자 《바략》이 즉시 대응사격을 했다. 이때 적함과의 거리는 9,000m였다. 12노트로 《치오다》를 뒤따라 이동하기 시작했다.

12시 24분, 《바략》이 함수 좌현 쪽으로 3룸바[8]에 위치했을 때, 좌현포 발포를 준비했다. 6,800m 거리에서 2번 함포를 시범적으로 발포했으나 거리가 여의치 않아 여러 번 실패했다. 적함이 팔미도 뒤에 숨어서 시범사격을 중지했다. 우현포 사격을 준비하고 오른쪽으로 선회하였으나, 적함은 함수 좌현에서 왼쪽으로 방향을 바꾸어 정박지로 이동하였다. 좌현포 발포를 다시 준비했으며, 이때 적함과의 거리는 7,200m였다.

12시 37분, 《아사마》에서 발포한 포탄 한 발이 적함의 함수 함교에 명중하였다. 이때 적함까지 거리는 6,500m였다. 좌현 6인치 포로 연습사했다. 12시 40분에 포탄 한

---

8) 1룸바는 약 3도(각주 – 번역자).

제물포 전경(기념우편엽서)

발이 쉬지 않고 대응사격하던 적함의 선체 중앙 부분에 명중했다. 적의 포탄 몇 발이 우리 위쪽으로 지나쳐 날아갔고, 세 발은 함수 근처에 떨어졌다. 적함이 발포한 포탄 수는 정확하지 않다. 적의 포탄은 광범위하고 무질서하게 떨어졌으며, 바다에 떨어진 포탄 대부분은 폭발하지 않았다.

12시 55분, 《바략》에 큰 화재가 발생하자 《바략》은 팔미도 뒤쪽으로 이동하였다. 《바략》과의 거리는 7,000m였으나 팔미도에 가려 포격할 수가 없었다. 13시 15분, 전투 깃발을 내리고 전투를 중지했다.

전투 중 승조원들의 사기는 높았으며 용맹스러웠다.

《니이타카》 함장 쇼지 요시모토 중령이 메이지 37년 2월 9일에 제출한 인천해전(2월 9일)에 관한 보고서

2월 9일 12시 15분에 함대사령관의 명령에 따라 닻을 올리기 시작해서 12시 25분에 닻을 완전히 올리고 전투 경보를 울렸다. 12시 28분에 《아사마》가 적함에게 발포하는 것을 목격하며 이동하기 시작했다. 12시 34분, 기함 항로에 진입했으며, 우현포 발포를 준비했다.

12시 39분, 함대사령관의 명령에 따라 6,500m 거리에서 함수의 6인치 포와 현의 1번 함포로 적함을 향해 시범 발포하였다. 당시 《바략》은 팔미도 남쪽에 모습을 드러냈고, 《카레예츠》는 《바략》보다 앞서서 항해하고 있었다.

12시 40분, 항로를 변경하며 우현포 발포를 멈추고 6,000m 거리에서 즉시 좌현포를 발포하였다. 그 후 거리가 5,500m로 줄었다가 다시 6,000m로 벌어졌다. 12시 45분, 적과의 거리가 5,300m까지 줄자 12푼트 함포를 발포했다.

12시 48분, 항로를 변경하자 적함과의 거리는 5,900m에서 6,700m로 벌어졌다. 이 때《바략》이 오른쪽으로 방향을 바꾸고 정박지 방향으로 후퇴했다.

12시 54분, 적함이 팔미도에 가려 포격을 중지했다. 적함이 다시 나타났을 때 발포를 재개하였다.

12시 59분,《아사마》로부터 '적함에 불이 났다'는 신호를 받았다.

13시 05분, 좌현포 발포를 중지하고 우현포 발포를 준비했다.

13시 16분, 반대편으로 방향을 바꾸어 필립섬 쪽으로 이동했다.

13시 25분, 전투 깃발을 내리고 전투 경보를 해제했다.

순양함《니이타카》(사진-S. Fukui, Kure, Maritime Museum)

III.《타카치호》와《아카시》의 전투 기록

《타카치호》함장 모리 이치베에 대령이 메이지 37년 2월 9일에 제출한 인천해전(2월 9일)에 관한 보고서

2월 9일 12시 필립섬 근처에 정박했다. 12시 15분, 《아사마》로부터 《바략》과 《카레예츠》가 정박지를 떠났다는 신호를 받았다. 같은 시각 함대사령관의 명령에 따라 닻을 올리고 전투 경보를 울렸다. 12시 20분, 기함으로부터 "명령에 따라 임무를 수행하라"는 지시을 받고, Humann섬 동쪽 끝으로 항로를 잡고 15노트로 《아카시》, 《치오다》와 함께 Cat섬으로 출발했다. 그러나 《치오다》는 대열에서 빠져나가 기함 쪽으로 이동했다. 12시 25분, 기함의 뒤를 이어 전투 깃발을 올렸다. 12시 35분, 기함으로부터 '멀리 가지 말라'는 신호를 받았다. 12시 39분, 적함과의 거리가 5,600m가 되자 포격하라는 명령을 내렸다. 제일 먼저 좌현 6인치 포로 포격했다. 우리는 적들이 퇴로가 막혔다고 느낄 만큼 《바략》을 향해 계속 포격하였다. 잠시 후 왼쪽으로 선회하여 기함 근처로 향했다. 13시 27분, 전투 깃발을 내리고 전투 경보를 해제한 후 기함 항로로 진입했다. 13시 44분, 필립섬 근처에서 기관을 정지시켰다.

전투과정에서 군함은 파손되지 않았다. 전투 중 승조원들의 사기가 충천했으며 마치 훈련하듯이 차분하게 사격했다. 비교적 가까운 거리에서 4번 15cm포에서 발사한 두 번째 포탄이 《바략》의 함수 함교 앞쪽에 있던 포 근처에 명중했는데, 이 장면을 목격하게 되어 기쁘다.

《아카시》함장 미야지 사다토키 중령이 메이지 37년 2월 9일에 제출한 인천해전(2월 9일)에 관한 보고서

2월 9일 12시 14분, 기함으로부터 《바략》과 《카레예츠》가 12시에 제물포 정박지를 떠났다는 신호를 받고, 전투 경보를 울렸다. 러시아 군함들은 팔미도 근처로 접근하면서 발포하기 시작했고, 우리 함대 군함들 또한 적함을 향해 대응사격을 했다.

제4전투전대에게 전달된 비밀명령 No. 30에 따라 닻을 올린 후, 《타카치호》 뒤를 쫓아 Cat섬 방향인 남쪽으로 기동하기 시작했다. 적함이 돌진하는 것을 막기 위해서였

다. 이동 중에 적의 포탄이 연돌 사이를 지나 좌현에서 200m 떨어진 곳에 떨어졌다. 또 다른 포탄은 함미에서 400m 떨어진 곳에 떨어졌다. 이때 우리는 《바략》을 향해 대응사격을 하였고, 함미 6인치 포로 포탄 두 발을 발사했다. 그러나 적함과의 거리가 급격히 벌어지더니, 급기야 적함은 함미 6인치 포의 사정거리를 벗어났다. 우리는 사격을 중지했다. 12시 50분, 러시아 군함들은 선회하며 반대방향으로 돌아 제물포로 퇴각하였다. 《타카치호》는 항로를 따라 선회하며 적함에게 다가갔다. 그러나 이미

《타카치호》의 모습. 《타카치호》는 우리우 연합 함대의 기함 《나니바》와 같은 설계도로 제작된 자매함이다(사진-S. Fukui, Kure, Maritime Museum).

적함들은 제물포 정박지 깊숙이 진입한 상태였다. 기함이 전투 깃발을 내린 것을 보고, 기함의 명령에 따라 필립섬 근처에서 기관을 멈추었다.

16시 30분, 《카레예츠》가 폭파되자, 우리는 함대사령관의 명령에 따라 정찰임무를 띠고 제물포 정박지로 향했다. 《바랴》에 4,000m까지 접근한 후, 장교를 필립섬으로 보내 다음과 같은 정찰 결과를 보고했다.

1. 《카레예츠》는 폭파되었으며 잔해를 찾을 수조차 없다. 월미도 해변 모래톱에서 버려진 보트 5척을 목격했다.
2. 러시아 군함 《바랴》은 영국 군함 《탈보트》 근처에 정박했다. 《바랴》 함미갑판에서 불길이 뿜어져 나오는 것을 목격하였다. 《바랴》은 좌현 쪽으로 심하게 기울어졌으며 함미는 물에 잠겼다. 앞 돛대의 중간 돛대는 잘려서 축 늘어져 있었으며, 사항(斜桁)에

고베 정박장에 있는 순양함 《아카시》(사진-S. Fukui, Kure, Maritime Museum)

함대 깃발이 게양되고 함수 깃대에 함수기가 올라갔음에도 불구하고 갑판에는 사람들이 보이지 않았다.

3. 영국 군함《탈보트》의 함미에 배치되어 있던 보트 대부분이《바략》승조원들의 구조에 사용된 것을 목격했다.

4. 러시아 상선《숭가리》는 월미도 등대 근처에 서 있다.

우리우 함대의 수뢰정《하야부사》(사진−S. Fukui, Kure, Maritime Museum)

IV. 《치도리》,《하야부사》,《마나주루》로 구성된 제14어뢰전대의 전투 기록

2월 9일 12시 05분,《바랴》과《카레예츠》가 인천 정박지를 출항했다는 사실이 알려졌다.

12시 15분,《나니바》함수에 연결되어 있던 어뢰정 로프를 잘라냈다. 12시 19분에 본인은 15노트로 이동하고 어뢰전(魚雷戰)을 준비하라는 명령을 내렸다. 6시 15분,《카사사기》는《치하야》함장이 내린 명령, 즉 러시아 상선《쉴카》를 장악하라는 임무를 띄고 아산만에 머물고 있기 때문에 전투에 참가하지 못했다. 12시 25분,《나니바》에 전투 깃발이 올라간 것을 보고, 3번 어뢰발사관을 제외한 나머지 어뢰발사관을 함수 쪽으로 10도 돌리고 발포준비를 하라고 명령했다. 12시 26분,《바랴》이 공격을 개시하자 우리 부대의 모든 군함들은 대응사격을 시작했다.《치도리》,《하야부사》,《마나주루》는《나니바》의 공격받지 않는 측면 함미에서 500~600m 떨어져 이동하면서 공격할 적기(適期)를 기다리고 있었다. 13시 20분에 적함들은 정박지로 도망갔으며, 13시 25분에 전투 깃발이 내려간 것을 확인했다.

*자료 출처:『해군활동』№ 1, 모스크바, 2008년, 25~28쪽.

우리우 함대의 수뢰정《치도리》(사진-S. Fukui, Kure, Maritime Museum)

제물포에서 침몰되고 있는《바략》과《카레예츠》묘사(기념우편엽서)

미국 포함《빅스버그》에서 복무한 레리 북스 소위의 일기[9]

미국 포함《빅스버그》

2월 8일 저녁 일본 함대가 제물포로 접근했다. 순양함 2척, 어뢰정 4척 그리고 수송선 3척을 포함한 함대 일부는 내항으로 들어와 닻을 내렸다. 그날 밤새 3,000명가량의 병사들이 해변에 상륙하였는데, 그들 중 절반은 서울로 떠났고 나머지는 곧 전쟁이 선포될 제물포에 남았다. 러시아 군함인《바략》과《카레예츠》는 이미 한 달가량 항구에 정박해 있었다. 그들은 2월 8일에 전쟁이 선포된 것을 전혀 몰랐던 것 같았다.

(2월 9일-번역자) 오전 7시 즈음에 우리는 일본 해군 준장으로부터 전쟁이 선포되었

---

9) 부록 VII에서 언급된 날짜는 양력.

ЧЕМУЛЬПО

제물포 전경. 배경에 월미도가 보임

다는 것과 만약 러시아 군함들이 오후까지 항구를 떠나지 않을 경우 정박지에서 러시아 군함들을 공격할 것이라는 통보를 받았다. 또한 일본은 모든 외국 군함들에게 곧 전투가 벌어질 곳에서 피신하라고 제안했다.

9시 즈음에 2척의 러시아 군함이 전투를 준비하기 시작했다. 《바략》은 전투준비를 하는데 그리 오래 걸리지 않았으나, 《카레예츠》는 윗쪽 중간 돛대를 … (누락-저자) 방어용으로 사용하기 위해 침대를 밀집시켜 함포 근처에 세워두었다.

11시 20분에 《바략》이 이동하기 시작하였고, 11시 25분에 《카레예츠》가 《바략》의 항로를 따라갔다. 11시 50분에 러시아 군함들이 팔미도 가까이 다가가자, 일본 연합함대에서 선제 공격을 하였다. 전투는 1,000야드 혹은 그 이상의 거리상에서 시작되었다('1,000야드'는 오류이며, '10,000야드'가 맞다-저자). 분명 일본 측은 8인치 이상의 대구경 함포만을 사용했을 것이다. 소구경 함포를 사용하기에는 거리가 너무 멀었다.

수평선 너머에 위치하던 일본 군함들은 전투가 끝날 때 즈음에서야 얼마간 가까워져 있었다. 러시아군은 갈색 혹은 검은색 연기가 나는 화약을 썼는데, 일본군은 무연화약을 사용했다. 모두들 《바략》이 일본 군함에 제대로 포격을 하지 못했다고 하는데, 사실은 《바략》에 6인치 이상의 대구경포가 없어서 그런 것이었다.

팔미도를 지나던 《바략》은 일본 군함을 향해 좌우현에서 발포를 하면서 오른쪽으로 돌았다. 그때 《카레예츠》는 《바략》이 선회하는 것을 엄호하면서 8인치 포를 발포하였다. 《카레예츠》는 단 한 번만 《바략》의 동쪽에 있었고, 전투 내내 《바략》의 남동쪽에 있었다. 12시 15분, 《바략》이 서쪽으로 방향을 돌리자, 《바략》과 일본 함대 사이에 팔미도가 위치하는 형국이 되었다. 《카레예츠》는 《바략》의 남쪽에서 《바략》과 얼마간의 거리를 유지하다가, 팔미도 뒤편으로 갔다. 일본 함대는 발포를 재개하며 남서쪽으로부터 빠르게 접근하고 있었다. 팔미도에 가려진 목표물을 발견하자마자 《아사마》로 보이는 거대한 군함 한 척이 동쪽으로 방향을 돌리며 팔미도를 지나갔다.

12시 20분 혹은 12시 30분 즈음에 두 척의 러시아 군함은 정박지 쪽으로 방향을 돌려 전속력으로 항구까지 진입하였다. 일본인들은 12시 40분까지 포격을 계속했는데, 특히 《바략》을 향해 집중 포격하였다. 그러나 항구에 정박해 있던 외국 군함들에 포탄이 맞을 것을 염려하여 포격을 중지했다. 《바략》이 뒤로 돌아갈 때 일본 어뢰정 1대가 남동쪽에서 《바략》을 공격하려 했으나, 러시아 측의 공격으로 접근하지 못하고 쫓겨났다.

두 척의 러시아 군함이 항구로 진입하였다. 《바략》은 12시 50분에, 《카레예츠》는

일본의 공격이 《바략》에 집중되어 다수의 사상자를 냈다.

기선《숭가리》가 폭발한 모습(사진-R. Dunn)

13시 20분에 정박했고, 일본 함대는 항구 입구에 멈춰섰다.《바략》은 좌현으로 조금 기울어졌었고 함미 부분에 작은 불이 났다.

영국, 프랑스 그리고 이탈리아 군함들이 군의관들과 의료용 보트를《바략》으로 보냈고, 우리도 군의관과 구명보트를 보냈다.《바략》의 인명 피해는 다음과 같다: 장교 한 명(알렉세이 니로드 백작)은 함교에 떨어진 포탄에 의해 찢겨져 숨졌고, 장교 두 명은 중상을 입었으며, 수병 34명이 사망하고 70여 명이 다쳤다.

14시 30분 경, 이미《바략》은 좌현으로 심하게 기울어져서 승조원들이 물에 빠질 위험에 처해 있었다. 우리 군함을 포함해 모든 외국 군함들은《바략》의 승조원들을 구조하기 위해 보트를 보냈다.《바략》의 승조원들은《탈보트》,《엘바》그리고《파스칼》로 이송되었다. 우리 군함에도 처음에는《바략》의 장교 두 명을 수용하였으나 나중에《엘바》로 보냈다.

15시 40분 경,《카레예츠》의 승조원들은 외관상으로는 멀쩡해 보였다. 그들은 자신들의 보트를 타고《파스칼》로 건너갔다. 15시 57분에 고의로《카레예츠》내부를 폭발시켜 선체가 두 동강 났고, 결국《카레예츠》는 연돌과 상부구조물만을 남긴 채

바닷속으로 가라앉았다.《바략》은 좌현으로 심하게 기울어지고 있었고, 함미 부분의 불길은 주변에 흩어져 있던 탄약을 터트리며 더욱 거세지더니 후갑판까지 번졌다.《바략》은 18시 01분까지 계속 기울어지다가 선체가 좌현으로 뒤집어지며 가라앉아 버렸다. 큰 굉음과 함께 바닷물이《바략》으로 스며들더니 우현 윗부분만을 남기고 삼켜버렸다.

정박지에서《카레예츠》근처에 있었던 러시아 상선이 마지막으로 폭파되었는데 새벽 2시까지 타다가 침몰되었다.

부록 VIII

극동 해전 실록

G.-일본의 피해

제물포해전 묘사

『Moniteur de la Flotte』[10]에는 1904년 1, 2월 전투에서 일본 함대의 피해 상황에 대해서 다음과 같은 신빙성 있는 정보를 알려주었다.

1월 27일 여순에서의 벌어진 첫 번째 전투에서 철갑선《시키시마》(15,100톤)는 심하게 파손되어 겨우 나가사키까지 견인되었지만, 장기간 수리가 필요하다.
바로 이 전투에서 철갑순양함《아카시》(2,800톤)가 폭파되어 침몰되었다.
여순 전투에서 파손된 철갑순양함《아주마》(9,500톤)는 사세보로 견인되었다.
순양함《아사마》(9,900톤)는 1월 27일《바략》과의 전투 후에 제물포에서 침몰되었다.

---

10)『Moniteur de la Flotte』, 1904년 3월 16일

철갑순양함 한 척은 조선 해안에서 침몰되었다.

《바략》에 포격당한 또 다른 철갑순양함《타카치호》(3,700톤)는 제물포에서 침몰되었다.

철갑순양함《타카사고》(4,200톤)는 2월 26일에[11] 여순에서 벌어진 전투에서 엄청난 피해를 입었다.

파손되거나 쓸모없게 되버린 위의 군함 6척 외에도, 제물포에서 1척과 여순에서 5척, 총 6척의 어뢰정 구축함이 침몰되었다.

*자료 출처: 러일전쟁 초기 러시아 해군의 성공을 선전하기 위한 예로 해군성 기관지인 『해군선집』№ 3 (1904년)에 실린 자료를 발췌한 것임. 원래는 프랑스 잡지 『Moniteur de la Flotte』에 실린 자료.

---

11) 『Temps』, 1904년 3월 18일

ПАМЯТИ „ВАРЯГА"(¹).
Стихотвореніе Рудольфа Грейнца.

Auf Deck, Kameraden, all' auf Deck! Heraus zur letzten Parade! Der stolze «Warjag» ergibt sich nicht, Wir brauchen keine Gnade!	Наверхъ, о товарищи, всѣ по мѣстамъ! Послѣдній парадъ наступаетъ! Врагу не сдается нашъ гордый «Варягъ», Пощады никто не желаетъ!
An den Masten die bunten Wimpel empor, Die klirrenden Anker gelichtet, In stürmischer Eil' zum Gefechte klar Die blanken Geschütze gerichtet!	Всѣ вымпелы вьются и цѣпи гремятъ, Наверхъ якоря поднимая, Готовятся къ бою орудій ряды, На солнцѣ зловѣще сверкая.
Aus dem sichern Hafen hinaus in die See, Fürs Vaterland zu sterben! Dort lauern die gelben Teufel auf uns Und speien Tod und Verderben!	Изъ пристани вѣрной мы въ битву идемъ, Навстрѣчу грозящей намъ смерти, За родину въ морѣ открытомъ умремъ, Гдѣ ждутъ желтолицые черти!
Es dröhnt und kracht und donnert und zischt, Da trifft es uns zur Stelle; Es ward der «Warjag», das treue Schiff, Zu einer brennenden Hölle!	Свиститъ и гремитъ и грохочемъ кругомъ, Громъ пушекъ, шипѣнье снаряда,— И сталъ нашъ безстрашный, нашъ вѣрный Подобьемъ кромѣшнаго ада! [«Варягъ»
Rings zuckende Leiber und grauser Tod, Ein Aechzen, Röcheln und Stöhnen — Die Flammen flattern um unser Schiff Wie feuriger Rosse Mähnen!	Въ предсмертныхъ мученьяхъ трепещутъ Вкругъ грохотъ и дымъ и стенанья, [тѣла, И судно охвачено моремъ огня,— Настала минута прощанья.
Lebt wohl, Kameraden, lebt wohl, hurra! Hinab in die gurgelnde Tiefe! Wer hätte es gestern noch gedacht, Dass er heut' schon da drunten schliefe!	Прощайте, товарищи! Съ Богомъ, ура! Въ кипящее море подъ нами! Не думали мы еще съ вами вчера, Что нынче уснемъ подъ волнами!
Kein Zeichen, kein Kreuz wird, wo wir ruh'n Fern von der Heimat, melden — Doch das Meer das rauschet auf ewig von uns, Vom «Warjag» und seinen Helden!	Не скажутъ ни камень, ни крестъ, гдѣ легли Во славу мы русскаго флага, Лишь волны морскія прославятъ во вѣкъ Геройскую гибель «Варяга»!
Rudolf Greinz.	Е. М. Студенская.

《바략》의 노래.《바략》을 기리는 노래 중에 현재까지도 러시아인들에게 가장 많이 알려지고 익숙한 노래이다. 이 노래의 가사는 1904년 오스트리아의 작가 루돌프 그레인츠가《바략》의 승조원들을 기리기 위해 작성했던 시에서 비롯되었다. 처음에 그는 이 시를 독일잡지 『유겐드』에 발표했다. 이후 E. M. 스투젠스카야가 러시아어로 번역한 후,《바략》의 노래의 가사가 되었다(왼쪽이 독일어 가사, 오른쪽이 러시아어 가사).

ГИБЕЛЬ ВАРЯГА.
Русская пѣсня Маршъ
И. Н. ЯКОВЛЕВА.
Piano.
На_верхъ о то_ва_ри_щи,
всѣ по_мѣ_стамъ! По_слѣд_ній па_радъ на_сту_па_етъ Вра_
гу не сда_ет_ся нашъ гор_дый Ва_рягъ. По_
ща_ды ни_кто не же_ла_етъ! Вра_
Лебедевъ Д.Н. „Бой у Портъ-Артура" Большая музыкальная картина изъ воспоминаній Русско-Японской войны; въ музыкѣ точно изображены нѣкоторые важнѣйшіе моменты морского сраженія. Весьма эффектная пьеса средней трудности. На виньеткѣ художественно изображенъ въ краскахъ морской бой. 10 е изданіе цѣна 75 коп.
А. 16 Г.
Печатня В. Гроссе въ Москвѣ. Б. Спасская ул. соб. д

《바랴》의 노래 악보

순양함《소이야》《《바략》》에 장착된 함포(1907~1917년)

(V. I. 카타예프 정리)

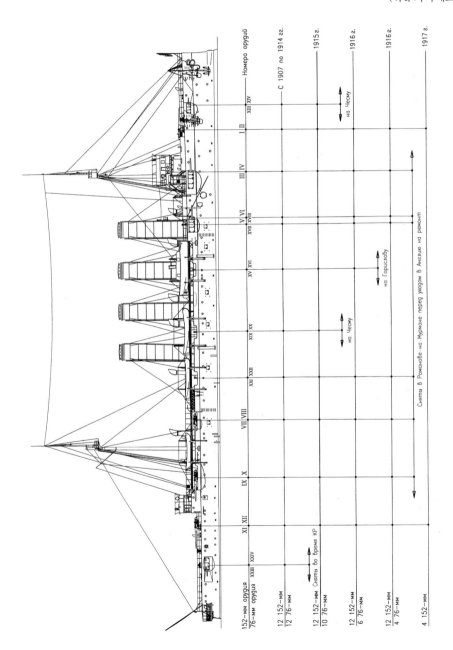

СОСТАВ АРТИЛЛЕРИЙСКОГО ВООРУЖЕНИЯ КРЕЙСЕРА С 1907 ПО 1917 гг.

1급 순양함《바랴그》1(기념우편엽서)

1급 순양함《바랴그》2(기념우편엽서)

Крейсеръ I. ранга „Варягъ"

Изданіе Р. фонъ деръ Лей. Ревель. сн. фотогр. Е. Иванова, Ревель.

1급 순양함《바랴》3(기념우편엽서)

КРЕИСЕРЪ „ВАРЯГЪ",
ПОГИБШІЙ ВЪ СЛАВНОМЪ БОѢ.

1급 순양함《바랴》4(기념우편엽서)

VARIAG Croiseur Russie 1899

1급 순양함《바략》5(기념우편엽서)

1급 순양함《바략》6(기념우편엽서)

1급 순양함《바랴》7(기념우편엽서)

1급 순양함《바랴》8(기념우편엽서)

순양함《바략》을 기념하는 우편엽서. 엽서 오른쪽 상단 부분에 '용맹스러운 바략에게 영광이 있으리라'라고 적혀있다.

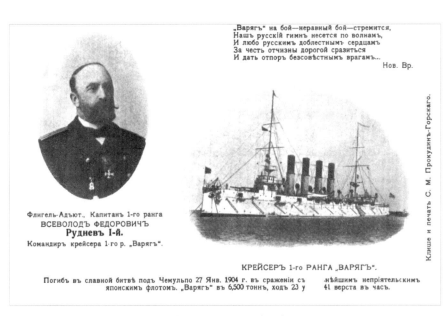

순양함《바략》을 기념하는 우편엽서.《바략》함장인 루드네프와《바략》의 모습

순양함《바랴크》을 기념하는 우편엽서

포함《카레예츠》1(기념우편엽서)

Русскій флотъ.—**Flotte Russe.** № 30.

Канонерская лодка „Кореецъ".—Canonnière „Koréiets".

포함《카레예츠》2(기념우편엽서)

《바략》기념우표

연표[1]

I. 제물포해전 이전의 연력(1899~1903)[2]

1899년 1월 11일. 러시아 해군성에서 새로 건조될 순양함을 《바략》이라 명명. 《바략》을 러시아 황제 군함대 목록에 등록.

1899년 5월 10일. 미국 필라델피아에서 기공식이 열림.

1899년 10월 19일. 미국 필라델피아에서 진수식이 열림.

1899년 10월 20일~1900년 5월 15일. 미국 필라델피아 크람프 공장에서 건조 완료.

1900년 5월 16일. 대서양에서 항해시운전 실시.

1900년 5월 17일. 대서양에서 항해시운전을 한 결과 21~22.5노트의 속력을 기록. 좌측 고압실린더 연결봉 베어링이 과열되어 시운전이 중단되었다가 오후에 다시 재개. 사격훈련 실시.

1900년 5월 19일. 저녁에 두 시간 동안 항해하며 22노트의 속력을 기록. 항해 후에 베어링 검열.

1900년 7월 2일. 필라델피아 선거에서 흘수선 아랫부분을 도색.

1900년 7월 9일. 항해시운전을 위해 보스턴으로 출항.

1900년 7월 12일. 대서양에서 실험한 결과 24.59노트 기록(16,198마력).

1900년 7월 15일. 대서양에서 23노트로 항해시운전을 하던 중 실험 시작한 지 8시간 만에 고압실린 더 덮개가 고장 나 시운전 중단.

1900년 8월 15일~9월 15일. 보스턴에서 실린더를 분해하고 새로운 실린더 설치.

1900년 9월 12일~15일. 보스턴에서 새 실린더에 대한 항해시운전 실시.

1900년 9월 16일. 델라웨어강 사주(砂洲)에 정박하면서 안개가 걷히기를 기다림.

1900년 9월 17일. 대서양에서 10노트로 24시간 동안 항해시운전 실시.

1900년 9월 18일. 대서양에서 닻 인양 검열 실시.

1900년 9월 21일. 대서양에서 평균 23.18노트로 12시간 동안 항해시운전 실시(14,157마력).

1900년 10월~12월. 필라델피아에서 기계 검열, 보일러 청소, 기관 검열.

1900년 12월 6일. 러시아 승조원들이 《바략》에 승함하며 복무 시작.

1901년 1월 2일. 필라델피아에서 장두기와 깃발을 올리고 공식적인 활동 시작.

1901년 2월 20일~23일. 델라웨어에 정박.

---

1) 연표에서 《바략》이 항구로 입항할 때, 본문의 날짜와 1, 2일 차이가 나는 것은 정박 전에 검사 및 절차에 소요되는 시간 차 때문이다.

2) 'I. 제물포해전 이전의 연력(1899~1903)'은 러시아력에 따른다.

1901년 3월 10일. 필라델피아에서 루이스를 향해 출항.

1901년 3월 11일. 루이스에 정박.

1901년 3월 12일. 델라웨어만에서 조타실험을 한 후 대서양으로 출항.

1901년 3월 20일~4월 3일. 대서양을 항해하다 폭풍우를 만남.

1901년 4월 3~8일. 아소르스 제도에 정박하여 《바략》에 석탄을 싣고 폭풍우가 지나가기를 기다림.

1901년 4월 9~14일. 대서양 항해.

1901년 4월 14~25일. 프랑스 셰르부르에 정박하며 기계 검열.

1901년 4월 25~30일. 북해 항해.

1901년 4월 30일~5월 2일. 레발에 정박.

1901년 5월 2~3일. 발트해를 항해하며 크론슈타트로 향함(미국에서부터 총 항해거리-5,083마일).

1901년 5월 3일~8월 5일. 크론슈타트 大정박지에 정박.

1901년 5월 18일. 니콜라이 2세 방문.

1901년 5월 21~28일. 선거에서 홀수선 아랫부분을 도색.

1901년 6월 4일. 예비탄약을 배에 실음.

1901년 6월 6일. 앞 돛대의 신호기 철거.

1901년 8월 1일. 황제 방문·검열.

1901년 8월 5~8일. 발트해 항해. 고압실린더 피스톤밸브의 연결간이 고장나 새로운 연결간으로 교체
　　　하였으나 다시 고장.

1901년 8월 9~28일. 덴마크 코펜하겐에 정박한 후 기관 수리. 8월 18일에 마리아 표도로브나 황태
　　　후 방문.

1901년 8월 28~31일. 황제요트인 《슈탄다르트》를 호위하며 발트해 항해. 8월 29일에 독일 분함대와 독
　　　일 황제 빌헬름 2세의 요트인 《호엔촐레른》과 조우.

1901년 8월 31일, 독일 그단스크[3]항에 정박. 알렉세이 알렉산드로비치와 프로이센의 헨리 공작, 그
　　　외 주요 인사들이 방문.

1901년 8월 31일. 함미 3번 발전기 고장.

1901년 9월 1~2일. 킬 운하에 정박하며 발전기 수리.

1901년 9월 2~5일. 킬 운하, 엘베강 항해.

1901년 9월 5~9일. 프랑스 됭케스에 정박. 니콜라이 2세가 프랑스 대통령 A. 루베를 접견.

1901년 9월 9~12일. 비스케이만 항해.

1901년 9월 13~16일. 프랑스 셰르부르에 정박.

1901년 9월 16~20일. 대서양 항해.

---

3) 그단스크는 제2차 세계대전 이후부터 폴란드 령이 되었다(각주-번역자).

1901년 9월 20~25일. 스페인 카디스에 정박.

1901년 9월 25~27일. 대서양 항해.

1901년 9월 27일~10월 9일. 알제리에 정박한 후 석탄을 실음. 기관 검열.

1901년 10월 9~13일. 지중해에서 21노트로 항해하며 기관 실험 실시.

1901년 10월 13~16일. 이탈리아의 팔레르모항에 정박한 후 보일러 파이프 교체.

1901년 10월 16~19일. 지중해 항해. 10월 17일에 메시나 해협에서 거센 폭풍우를 만남.

1901년 10월 19~21일. 크레타섬의 수다항에 정박. 전투사격훈련 시행.

1901년 10월 21~23일. 지중해 항해.

1901년 10월 23일~11월 6일. 그리스 피레아스에 정박한 후 A. 크리게르 부대로 합류하라는 명령을
　　　받음.

1901년 11월 6~8일. 지중해를 항해하는 중에 보일러에서 염분 발견.

1901년 11월 8~10일. 수에즈 운하 입구에 정박한 후 보일러와 냉각기 수리.

1901년 11월 10일. 수에즈 운하에 진입했으나, 또 다시 보일러에서 염분 발견.

1901년 11월 10~11일. 이집트 수에즈에 정박하여 10대의 보일러를 수리.

1901년 11월 11~18일. 홍해 항해 중에 11월 13, 14, 17일에 보일러가 파열되는 사고가 일어남.

1901년 11월 18~22일. 아덴에 정박한 후 보일러 검열. 석탄 1,600톤과 물 450톤을 실어서 배수량이
　　　8,000톤 초과.

1901년 11월 21~27일. 아덴에 정박.

1901년 11월 27~29일. 오만의 수도인 무스카트에 정박. 11월 29일에 술탄 방문.

1901년 12월 2~7일. 부시르에서 6마일 떨어진 곳에 정박. 러시아 공사인 G. V. 옵세옌코 방문. 니콜라
　　　이 2세의 날 기념.

1901년 12월 8~11일. 쿠웨이트에 정박. 쿠웨이트 족장의 아들 방문.

1901년 12월 13~14일. 린그에 정박한 후 기관 수리.

1901년 12월 15~18일. 반다르 압바스에 정박. V. I. 베르 대령, S. D. 스베르베예프, G. V. 옵세옌코 러
　　　시아 공사가 호르무즈섬 방문.

1901년 12월 21~25일. 파키스탄 카라치에 정박. 석탄 750톤을 실음.

1901년 12월 25~31일. 아라비아해 항해.

1901년 12월 31일~1902년 1월 15일. 콜롬보에 정박.

1902년 1월 16~22일. 인도양 항해(2,900마일).

1902년 1월 2~26일. 싱가포르에 정박한 후 석탄을 실음.

1902년 1월 26~2월 1일. 남중국해 항해(2,700마일).

1902년 2월 1~8일. 홍콩에 정박하며 기계·기관 검열.

1902년 2월 8~12일. 남중국해 항해.

1902년 2월 13~22일. 일본 나가사키에 정박. 항구에서 K. P. 쿠즈미츠 준장이 지휘하는 철갑선《폴타바》와 철갑순양함《그로모보이》와 조우. 쿠즈미츠 준장이 깃발을 가져옴.

1902년 2월 22~25일. 동중국해·황해 항해.

1902년 2월 25일. 여순항에 정박. 러시아 분함대 사령관인 N. I. 스크리드로프 중장 방문. 2월 27일에 E. I. 알렉세예프 대장 방문.

1902년 2월 28일. 황해에서 항해. 분함대 사령관의 명령에 따라 최고 속력으로 항해시운전 실시.

1902년 3월 15일. 여순항에서 6주 동안 수리.

1902년 4월 30일. 황해에서 항해.

1902년 5월 1일. 여순 동쪽항에 정박한 후 부대에 복귀.

1902년 5월 1~10일. 대련 항해. 분함대에 편입. 이틀 동안 석탄을 배에 실음.

1902년 5월 16~18일. 황해에서 항해. 분함대의 일원으로서 옌타이로 출정.

1902년 5월 19~26일. 어뢰정《보에보이》와 함께 일본 다쿠로 출정.

1902년 5월 29일. 황해에서 항해. 분함대 일원으로서 포격훈련에 참여.

1902년 5월 30일. 황해에 정박. 분함대가 블라디보스톡으로 출항.

1902년 6월 7~10일. 황해에서 항해. 각 군함의 전략적인 특징을 파악하여 명부에 기록.

1902년 6월 12~30일. 황해에서 항해. 엘리엇만에서 포격훈련을 하다가 여순으로 돌아옴.

1902년 7월 9~31일. 황해에서 항해. 7월 9일에 진저우만(금주만-번역자)에서 소해 작업을 실시.《에니세이》를 폭파시켰던 실습어뢰 수색. 금각만과 무선연락 훈련.

1902년 7월 31~10월 1일. 여순에 정박. 기관 수리.

1902년 10월 1~3일. 황해. 분함대 사령관인 N. I. 스크리드로프의 지휘하에 출항한 후 대련에 정박. 10월 3일에 최고 속력 항해시운전을 실시한 결과 22.6노트를 기록(스크류가 분당 146회 회전).

1902년 10월 3~15일. 여순항에 정박. 제물포로 출항할 준비.

1902년 10월 15~19일. 황해에서 10노트로 항해. 제물포에서 닻을 분실했다가 다음 날 찾음. 여순으로 되돌아 오는 길에 최고 속력 항해시운전을 실시한 결과 20노트를 기록(18,800마력).

1902년 11월 1~8일. 여순에 정박. 최고 속력을 내기 위해 기계 수리.

1902년 11월 16일. 여순 외항 항해. 16노트의 속력 기록(스크류가 분당 105회 회전).

1902년 11월 19일. 황해에서 항해. 대련 정박지에서 분함대의 일원으로 훈련에 참여. 포격훈련 실시. 검열 결과 우수한 점수 받음.

1902년 11월 21일. 철갑선《폴타바》와 철갑순양함《류리크》와 함께 여순 서쪽 항에 정박.

1903년 1월 2일~2월 13일. 여순항에서 기관 수리.

1903년 2월 15~25일. 부대에 편입.

1903년 2월 16일. 여순항 동쪽에 정박.

1903년 2월 20일. 12노트로 4시간 동안 시범항해. 12노트, 20노트의 속력을 기록.

1903년 2월 28일. 여순항에서 검열 받음.

1903년 3월 1일. 새 함장으로 V. F. 루드네프 대령 임명.

1903년 3월 2~9일. 여순항에서 수리 재개.

1903년 3월 9~23일. 여순 외항에서 속력 실험 실시.

1903년 3월 12일. 20.5~21.1노트를 기록.

1903년 3월 22일. 15.4노트를 기록하였으나 25번 보일러가 파열됨.

1903년 4월 18일~5월 21일. 여순 외항과 대련항을 항해하며 분함대 일원으로서 훈련에 참여.

1903년 4월 22일. 분함대의 일원으로 훈련에 참여. 수뢰공격을 격퇴하였으며 방패를 향해 포격 훈련을 실시.

1903년 5월 14일. 발전기 스크류 고장.

1903년 5월 22~31일. 함장의 지휘하에 황해로 출정.

1903년 6월 2일. 여순 외항에 정박. 분함대에서 보트경주를 실시.

1903년 6월 4일, 여순 외항에 정박. 해군 사령관이 분함대 군함들을 순방.

1903년 6월 14일~9월 6일. 여순 내항에 정박.

1903년 9월 14일. 여순 외항에서 분함대 훈련에 참여.

1903년 9월 29일~10월 5일. 여순항 선거에서 국방색으로 도색.

1903년 10월 5일. 여순항 선거에서 나와 장두기를 올림. 저녁까지 석탄을 배에 실음.

1903년 10월 6~9일. 여순항에 정박하며 실험 준비.

1903년 10월 10~16일. 여순 외항에서 16노트로 항해하며 기관 실험. 10월 16일에는 20.5노트를 기록(스크류가 분당 140회 회전)

1903년 10월 19일. 분함대 훈련에 참가. 포격훈련을 하고 대련으로 이동.

1903년 11월 3일. 분함대 훈련에 참가.

1903년 11월 12일~12월 15일. 외항에서 기관과 새로 교체한 베어링을 실험. 분함대 훈련에 참가.

1903년 12월 30일. 2급 순양함《보야린》의 교대함정으로 제물포에 도착, 이곳에서의 복무를 시작함.

II. 제물포해전(1904년 1월 27일)[4]

III.《소이야》로 활동하던 시기의 연력(1905~1916년)[5]

1905년 8월 8일. 제물포에서 인양됨.

---

4) 'II. 제물포해전(1904년 1월 27일)'는 러시아력에 따른다.

5) 'III.《소이야》로 활동하던 시기의 연력(1905~1916년)'은 양력에 따른다.

1905년 8월 12~25일. 기술평가위원회의 조사를 받음.

1905년 8월 22일. 《소이야》로 개명됨.

1905년 9월 1일. 승조원 수가 결정되고 전문위원회 조직됨.

1905년 10월 6~12일. 자력으로 사세보까지 항해할 수 있도록 주요 기계 수리.

1905년 10월 27일. 이송을 논의할 전문가들 방문.

1905년 10월 28일. 기관 및 기계 검열을 위한 항해시운전 실시.

1905년 11월 2일. 일본 해군 깃발을 게양.

1905년 11월 5~9일. 제물포를 출발해 사세보로 향함. 구멍을 제대로 메우지 않아 선체 내부에 물이 스며듬.

1905년 11월 10~20일. 사세보에 입항 후 선거에서 선체 수리.

1905년 11월 23~30일. 요코스카로 출항.

1905년 12월~1907년 11월. 요코스카에서 대대적으로 수리.

1907년 11월 1~20일. 태평양에서 항해시운전한 결과 22.71노트를 기록(17,126 마력, 스크류가 분당 155회 회전). 일본 해군에 편입.

1907년 11월 21일. 2급 순양함 자격으로 일본 황제 함대에 예속.

1908년 8월 28일. 요코스카에 있는 해군사관학교의 실습함대로 편입.

1908년 10월. 대규모 해군 기동훈련에 참가.

1908년 11월 18일. 고베 정박지에서 해군 관함식에 참여.

1909년 3월 14일~8월 7일. 《아소》와 함께 해군사관학교 36회 졸업생도 188명을 싣고 하와이와 북미로 실습 출정.

1910년 2월 1일~7월 3일. 태평양. 《아소》와 함께 해군사관학교 37회 졸업생도 179명을 싣고 오스트레일리아와 동남아시아로 실습 출정.

1910년 7월 16일. 요코스카로 돌아온 후 실습함대에서 열외.

1911년 7월 17일~3월 10일. 요코스카에서 대대적으로 수리.

1911년 3월 11일. 실습함대로 편입.

1911년 11월 25일~1912년 3월 28일. 《아소》와 함께 해군사관학교 39회 졸업생도 148명을 싣고 오스트레일리아와 동남아시아로 실습 출정.

1912년 12월 5일~1913년 4월 21일. 《아주마》와 함께 해군사관학교 40회 졸업생도 144명을 싣고 오스트레일리아와 동남아시아로 실습 출정.

1913년 12월 1일. 요코스카로 돌아온 후 실습전대에서 열외.

1913년 12월 2일~1914년 11월 30일. 요코스카에서 대대적으로 수리.

1914년 12월 1일. 실습함대로 편입.

1915년 4월 20일~8월 23일. 《아소》와 함께 해군사관학교 42회 졸업생도 117명을 싣고 오스트레일리아와 동남아시아로 실습 출정.

1915년 12월 1일. 일본이 러시아에 순양함을 팔기로 결정.

1916년 3월 13일~3월 21일(러시아력 3월 1~8일). 러시아 인수위원회가 일본을 방문하여 옛 러시아 군함들에 관한 조사업무를 실시.

1916년 3월 23일(러시아력 3월 10일).《사가미》와 함께 쿠레로 와서《탕고》와 연합.

1916년 3월 30일~4월 2일(러시아력 3월 18~3월 21일). 함대가 블라디보스톡으로 이동.

1916년 4월 4일(러시아력 3월 21일). 순양함《소이야》가 일본 황제 함대 목록에서 삭제됨.

1916년 4월 5일(러시아력 3월 21일), 블라디보스톡 금각만에 정박. 일본 해군 깃발을 내림.

IV. 러시아로 귀환한 이후의 근무 연력(1916~1920년대)[6]

1916년 3월 22일. 블라디보스톡 금각만에서《바랴》으로 개칭.

1916년 3월 27일. 깃발·함수기·게오르기 장두기를 게양함.

1916년 3월 27일~6월 18일. 기계 및 기관을 수리하고 항해시운전과 포격 실시. 5월 15일에 항해시운전을 실시한 결과, 16노트를 기록했으며 기관도 문제없이 작동함. 6월 5일에는 우수리스크만에서 항해 중에 대포사격을 실시. 6월 11일에는 주력함《체스마》와 함께 출항한 후 6월 13일에 금각만으로 다시 돌아옴.

1916년 6월 18~26일. 특별임무 함대(주력함《체스마》와 순양함《바랴》)의 구성원으로 항해. 대한해협에서 쭈시마(대마도) 전투의 영웅들에게 존경을 표함.

1916년 6월 27일~7월 6일. 홍콩에 정박하며 흰색으로 도색.

1916년 7월 7~13일. 싱가포르를 향해 출발. 7월 8일에 3번 보일러 파손(파이프 두 개 파열).

1916년 7월 14~18일. 싱가포르 정박지에 정박.

1916년 7월 19~26일. 인도양 항해(1,640마일).

1916년 7월 27일~8월 3일. 콜롬보항에 정박. 간구트 해전을 기념.

1916년 8월 4~11일. 인도양 항해. 8월 7일에는 적도 통과 기념으로 적도제 행사 실시.

1916년 8월 12~14일. 세이셸 공화국의 빅토리아 항구에 정박. 이곳에 묻힌 순양함《라즈보이닉》의 군의관 묘지를 방문.

1916년 8월 15일. 인도양을 항해하며 대포사격 실시.

1916년 8월 16일. 빅토리아 항구에 정박.

1916년 8월 19일. 인도양을 항해하며 잠수함 제거 및 탐색 훈련 실시.

1916년 8월 20일. 빅토리아 항구에 정박. 승조원들이 고기잡이를 하며 휴식.

---

6) 여기부터 다시 러시아력에 따름.

1916년 8월 21~27일. 인도양 항해(1,420마일).

1916년 8월 28~30일. 아덴 정박지에 정박. 터키와 전투 중이던 영국을 도움.

1916년 8월 31일~9월 6일. 홍해·수에즈 운하 항해(1,330마일).

1916년 9월 6일. 포트사이드에 정박. A. I. 베스투쮀바-류미느 군함 지휘부 사령관이 옮겨오면서 함
대의 기함이 됨.

1916년 9월 8~12일. 지중해 항해(1,200마일). 부대가 나뉘어짐: 주력함《체스마》는 알렉산드리아로,
《바략》은 프랑스 어뢰정의 호위하에 북쪽으로 향함.

1916년 9월 13~16일. 몰타의 수도 발레타에 정박.

1916년 9월 17~19일. 영국 어뢰정《모스키토》의 호위하에 지중해 항해.

1916년 9월 20일~10월 1일. 툴롱에 정박. 비상용 무선기를 순양함《아스콜드》에 전달. 도주했던 수
병들에 관한 재판이 열림.

1916년 10월 2일. 영국 어뢰정의 호위하에 지중해 항해.

1916년 10월 5~7일. 지브랄타항에 정박.

1916년 10월 8~13일. 영국 어뢰정 2척의 호위하에 대서양 항해. 항해 도중 거센 폭풍우를 만남.

1916년 10월 14일. 퀸스타운에 정박. 폭풍우로 훼손된 선체 수리.

1916년 10월 15~16일. 그리녹으로 이동한 후, 그곳에서 클라이드강을 따라 글래스고에 도착.

1916년 10월 17일~11월 7일, 글래스고항에 정박. 선거에 들어가 기관과 보일러를 수리. 11월 3일에 그
리녹으로 이동한 후, 이곳에서 76mm포 2문을 정찰함《고리슬라바》로 옮김.

1916년 11월 8~10일. 대서양 항해.

1916년 11월 11일, 스코틀랜드섬에 정박.

1916년 11월 12~17일. 대서양과 북극해 항해.

1916년 11월 17일~1917년 2월 25일. 콜라만의 에카쩨린만 무르만스크에 정박. 152mm포 4문과 기관
총 2정을 제외한 선체 내 무기 전체를 철거하고, 수리를 위해 영국으로 이동.

1917년 2월 25일~3월 17일. 북극해·대서양·아일랜드해 항해.

1917년 3월 19일. 버컨헤드에 있는 선거로 들어감.

1917년 4~5월. 승조원들 해산.

1817년 12월 8일. 영국 당국이《바략》을 경호하던 승조원들을 '수병 생활관'으로 보내고 안드레옙스키
깃발을 내림. 영국 경호원이《바략》을 경호.

1918년 1월 1일~1920년 2월 4일. 클라이드강 하구에 정박.

1920년 2월 5일. 견인선 2척에 이끌려 아일랜드해를 항해하다가 폭풍우를 만남. 렌델푸트
(Lendalfoot) 근처 펄스 오브 클라이드(Firth of Clyde)만의 모래톱에 빠짐.

1924년 8월~1925-1926년. 렌델푸트에서 선체가 분해됨.

참고문헌

『1904년 1월 27일 제물포에서 치러진《바략》의 전투』, 상트페테르부르크, 1907.

『군함에서의 함포사용규칙』 1부 № 2, 상트페테르부르크, 1891.

『남해전장에서』 제1부, 해군 사령부 산하 1904~1905년 해군전투기록역사위원회 발행, 상트페테르부르크, 1911.

러시아국립해군성문서보관소 문서군 417, 418, 469, 635내의 러일전쟁 관련 자료

『러일전쟁(일본 함대 사령관들의 보고서)』 1, 상트페테르부르크, 1907.

러일전쟁 문서 제3편, 제1태평양 함대 제1권, 남해 전장에서의 전투 제1부, 스타르크 중장의 함대 지휘 시기. 해군 사령부 산하 1904~1905년
　　　　해군전투기록역사위원회 발행, 상트페테르부르크, 1911.

『메이지 37~38년 해전 기록』 1, 상트페테르부르크, 1909.

「북해에서 쏘비에트 정권를 위한 해군들의 투쟁(1917~1920)」, 『문서집』, 레닌그라드, 1982.

『외교사』 2, 모스크바, 1963.

「제물포에서의 순양함《탈보트》」, 『선박기술자』 № 1, 2004.

A. V. 뽈루토프, 「1904년 2월 8~9일, 일본군과 일본 함대의 인천 상륙 작전」, 『해군활동』 № 7, 10, 2007.

D. A. 골로프, 「군함에서의 니클로스 보일러 이용 결과」, 『해군선집』 № 12, 1903.

──────, 『현대 군함의 증기보일러』, 상트페테르부르크, 1913.

I. A. 야찌나, 『함포 강의 2·3부. 무기·사격·해상에서의 거리산정·포가·포탄』, 페트로그라드, 1915.

I. L. 데 프란크, 『제물포. 회상기. 해군기록』 2권, № 1. 1944.

R. M. 멜니코프, 『순양함《바략》』, 레닌그라드, 1983.

S. I. 티투쉬킨, 「증기·철갑 함대 시기의 함포」, 『선박건조』 № 11, 1989.

S. O. 마카로프, 『문서』 1·2, 모스크바, 1953.

V. 아쁘렐예프, 『바략에서』, 상해, 1934.

V. I. 카타예프, 『바략』, 상트페테르부르크, 2002.

──────, 『바략』, 상트페테르부르크, 2004.

──────, 『바략-백주년을 기념하며』, 상트페테르부르크, 2004.

V. V. 린데스트렘, 「최근 주목할만한 선박구조작업」, 『해군선집』 № 4, 1908.

코크쩐스키, 『러일전쟁 전투 및 해전, 패배의 원인』, 모스크바, 2002.

Japan's Fight for Freedom, Told by H. W. Wilson, London, 1904.

The naval battles of The Russo-Japanese War by captain Togo, Gogakukyokwai, Tokyo, 1907.

E. Falk, *Togo and the rise of Japaneses sea power*, Longmans, Green & Co., New York, 1936.

P. Moir & L. Crawford, *Clyde Shipwrecks*, 1997.

T. Cowen, *The Russo-Japanese War*, Edvard Arnold, London, 1904.

참고문헌(해제)

김영수, 「러시아: 러일전쟁 패배를 보는 두 시각-비떼와 꾸라빠뜨낀의 논쟁을 중심으로」, 『역사비평』 69(2004년 겨울호), 역사비평사, 2004.

도진순, 「세기(世紀)의 망각(忘却)을 넘어서-러일전쟁 100주년 기념행사를 중심으로」, 『역사비평』 77(2006년 겨울호), 역사비평사, 2006.

송금영, 『러시아의 동북아 진출과 한반도 정책(1860~1905)』, 국학자료원, 2005.

심헌용, 「1904년 대한제국 해안에서 러시아 선박 제1급 순양함 〈바랴크〉호와 포함 〈꼬레이츠〉호가 일본 함대에 맞서 벌인 전투」, 『인천학 연구』 5, 인천대학교 인천학연구원, 2006.

이영호, 「역사의식 없는 역사기념물-러시아의 인천해전 추모비 건립을 중심으로」, 『황해문화』 43(2004년 여름).

────, 「제물포해전의 복원과 영웅의 탄생」, 가스통 르루, 『제물포의 영웅들』, 작가들, 2006.

한철호, 「한국: 우리에게 러일전쟁은 무엇인가」, 『역사비평』 69(2004년 겨울호), 역사비평사, 2004.

가스통 르루, 이주영 역, 『제물포의 영웅들』, 작가들, 2006.

나리타 류이치(成田龍一), 「일본: ‘기억의 장’으로서 러일전쟁」, 『역사비평』 69(2004년 겨울호), 역사비평사, 2004.

박 보리스, 『러시아와 한국』, 모스크바, 2004. (Пак Б.Д. Россия и Корея. М., 2004)

박종효, 『러일전쟁(1904~1905년)과 조선』, 모스크바, 1997. (Пак Чон Хё. Русско-японская война 1904~1905гг. и Корея. М., 1997)

S. O. 쿠르바노프, 「러시아와 한국」, 『러시아와 동방』, 상트페테르부르크, 2000. (Курбанов С.О. Россия и Корея. - «Россия и Восток». СПб, 2000).

http://www.sovross.ru/old/2004/020/020_1_3.htm

http://vestnik.tripod.com/novosti04/021202.html

http://www.fund.cruiservaryag.ru

지은이   V. I. 카타예프

모스크바 항공연구소 졸업

러시아과학아카데미 기술·자연과학사연구소에서 박사학위 취득

현재, 러시아 군함 역사가로 활동 중이며, 러시아《에네르기야(Энергия)》
　　　회사(러시아 최대 우주로케트회사)에서 근무 중.

저서

『1급 순양함 '바략'』, 모스크바, 1977.

『바략』 1권, 상트페테르부르크, 2002.

『바략: 100년 후』 3권, 상트페테르부르크, 2004

『바략: 100년의 위업 1904~2004』, 모스크바, 2004.

『포함 '카레예츠'』, 상트페테르부르크, 2006.

『순양함 '바략'』, 모스크바, 2008.

『러시아 함대의 해상운수교란전투행동』, 모스크바, 2009.

『포함 '카레예츠'와 그외(군함들)』, 모스크바, 2012.

　　　등 다수 저서

옮긴이   **신세라** (3~7장·부록·연표 번역)

인하대학교 사학과 졸업

인하대학교 사학과 석사 졸업

모스크바 국립대학교 역사학부 박사과정 수료

러시아과학아카데미 동방학연구소 한국-몽고학과 박사과정 수료

현재, 러시아과학아카데미 동방학연구소 한국-몽고학과에서
　　　「흐루시초프 시기의 북소관계」로 박사학위논문 쓰는 중.

정재호 (1~2장 번역)

해군사관학교 국제관계학과 졸업

한국외국어대학교 노어과 졸업

모스크바 국립대학교 국제관계학 박사 학위 취득

고속정 정장, 호위함 부장

현재, 해군본부 정책실 근무

동아시아한국학 번역총서 4
제물포해전과 《바략》

© 인하대학교 한국학연구소, 2013

1판 1쇄 인쇄__2013년 10월 20일
1판 1쇄 발행__2013년 10월 30일

지은이__V. I. 카타예프
옮긴이__신세라·정재호
기 획__인하대학교 한국학연구소
펴낸이__홍정표

펴낸곳__글로벌콘텐츠
        등 록__제25100-2008-24호

공급처__(주)글로벌콘텐츠출판그룹
        이 사__양정섭
        디자인__김미미
        편 집__노경민 배소정 최민지
        기획·마케팅__이용기
        경영지원__안선영
        주 소__서울특별시 강동구 천중로 196 정일빌딩 401호
        전 화__02-488-3280
        팩 스__02-488-3281
        홈페이지__www.gcbook.co.kr
        이메일__edit@gcbook.co.kr

값 24,000원
ISBN 978-89-93908-71-8 93900